ISTANBUL

FASZINATION ERDE

Im lebendigen Arasta Bazar mitten im Sultan-Ahmet-Distrikt sitzt man sehr gesellig, genießt die türkische Küche und hat einen herrlichen Blick auf die Blaue Moschee.

FASZINATION ERDE

ISTANBUL

Die Hagia Sophia ist heute größtenteils ein Museum. Ihr Bau war für das frühe orthodoxe Christentum und für Byzanz von großer Bedeutung; sie ist das früheste Beispiel für byzantinische Architektur.

ZU DIESEM BUCH

»Wer Herr über Istanbul ist, ist Herr über die ganze Welt«, soll Napoleon einst gesagt haben.

Klangvolle Namen für eine Stadt: Byzanz, Konstantinopel, Istanbul. Drei Namen für eine ganze Welt, die verschiedener, vielfältiger, verführerischer kaum sein könnte. Verschieden, weil das »Zusammenspiel der Kulturen« hier mehr ist als ein Schlagwort, nämlich alltäglich gelebte Gegenwart; vielfältig, weil die Stadt dem Reisenden erst einmal alle Sinne betört; verführerisch, weil man sich bestimmt sehr schnell in diese Stadt verlieben wird.

»Westöstliche Diva« wird sie auch genannt, und als solche ziert sie sich manchmal, wechselt gern das Gewand, verliert aber nie ihr Gesicht. Derzeit befindet sie sich in einem tiefgreifenden Wandel: vom UNESCO-Welterbe der grandiosen Vergangenheit über die aufregende Gegenwart als Kulturhauptstadt Europas bis zur aufstrebenden zukunftsweisenden Wirtschaftsmetropole. Und dabei bleibt die Stadt der drei Namen doch stets das, was sie immer war: die Schöne am Bosporus.

Neben gelebter Geschichte bietet die Stadt in einigen Vierteln ein vitales Nachtleben. Bunte Basare und Märkte laden zum Einkaufen ein, und die kulinarischen Spezialitäten regen die Sinne und Geschmacksnerven an. Auf einer Bootsfahrt über den Bosporus trifft man auf die Gegensätze und Gemeinsamkeiten zweier Kontinente.

Die inspirierende Vielfalt Istanbuls präsentieren wir Ihnen in diesem Bildband ganz neu: hervorragende Farbbilder kombiniert mit informativen Texten wecken die Lust, selbst auf Entdeckungsreise durch die Stadt zu gehen. Zusammen mit den abschließenden Kartenübersichten und den in das Register integrierten Webadressen hoffen wir, Ihnen möglichst viele Anregungen geben zu können.

Wolfgang Kunth

Panorama von Istanbul und dem Bosporus. Im Vordergrund die Hagia Sophia (links) und die Sultan-Ahmet-Moschee (rechts), die – ungewöhnlich für eine Moschee – über sechs Minarette verfügt.

INHALTSVERZEICHNIS

Blick auf die Sultan-Ahmet-Moschee und das Lichtermeer der Stadt: »Ich höre Istanbul, meine Augen geschlossen. / Zuerst weht ein leichter Wind, / Leicht bewegen sich / Die Blätter in den Bäumen … « (Orhan Veli Kanık). Wer einmal in Istanbul war, wird nie das Staunen vergessen bem Anblick der »Blauen Moschee« mit ihren filigranen Minaretten, der Kaskade von Kuppeln und den bezaubernden Farben und Formen.

DIESSEITS DES GOLDENEN HORNS: ALTSTADT UND EYÜP

Mit Rom und Jerusalem gehört Istanbul zu den ältesten Metropolen der Welt. Wie Rom wurde Istanbul angeblich auf sieben Hügeln erbaut, wie Jerusalem spielt Istanbul in der Geschichte der Weltreligionen eine bedeutende Rolle. Unvergleichlich aber ist die Lage der von der UNESCO zum Welterbe erklärten Altstadt auf einer Halbinsel zwischen Goldenem Horn, Bosporus und Marmarameer. Jenseits der antiken Landmauer im Westen steht die Eyüp-Sultan-Moschee – nach Mekka, Medina und Jerusalem wichtigstes Wallfahrtsziel türkischer Muslime.

Auf der antiken Akropolis des alten Byzantion (so der Name der um 660 v.Chr. am Bosporus gegründeten griechischen Kolonie), breitet sich der rund 70 Hektar große, von einer mit 28 Türmen verstärkten Mauer umgebene Palastkomplex aus (kleines Bild rechts). Seit 1924 ist er als Museum öffentlich zugänglich. Großes Bild: Über die Jahrhunderte wurde der Palastanlage – in unmittelbarer Nähe zur Hagia Sophia und der Blauen Moschee – immer weitere Gebäude hinzugefügt. Die Aussicht auf den Bosporus und den asiatischen Teil der Stadt ist überwältigend.

Topkapı-Palast

Am schönsten Punkt der Altstadt, dort, wo die Halbinsel mit ihrer Ostspitze in den Bosporus ragt, ließ Sultan Mehmet II. Fatih (1432–1481) kurz nach seiner das Ende des Byzantinischen Reichs besiegelnden Eroberung Konstantinopels (1453) zunächst einen Verwaltungssitz errichten, der dann unter Süleyman I. (um 1494–1566) zum offiziellen Regierungssitz des Osmanischen Reichs wurde. In den nachfolgenden Jahrhunderten entstand ein feudaler, um vier große Innenhöfe gruppierter Palastkomplex mit Moscheen, Bädern, Küchen, Bibliotheken, Wohngebäuden und Gärten. Der Name »Topkapı« (»Kanonentor«) verweist auf das Tor einer früheren Artilleriestellung an der Spitze der Halbinsel. Erst 1856 siedelten die Spitzen von Regierung, Verwaltung und Militär – zusammen mehr als 5000 Menschen – in den neuen Dolmabahçe-Palast um. Nur die staatliche Münze blieb im Topkapı-Palast.

Drei große Smaragde funkeln am Griff des Topkapı-Dolches (rechts). Die Schatzkammer beherbergt fabelhafte Preziosen wie mit Edelstein besetzte Helme und Teekannen sowie der »Löffelmacher-Diamant« (Bildleiste rechts), der angeblich in einem Abfallhaufen gefunden und bei einem Löffelmacher eingetauscht wurde. Großes Bild: chinesische Porzellansammlung von unschätzbarem Wert.

MACHT UND PRACHT DER OSMANISCHEN HERRSCHER

Die Schatzkammer des Topkapı-Palastes entstand unter Beyazit II. (um 1447–1512), nachdem ein Erdbeben im Jahr 1509 einen früheren Pavillon Mehmets II. an dieser Stelle zerstört hatte. Zunächst bewahrten die Sultane hier ihre Privatschätze in unterirdischen Gewölben auf, während in den darüberliegenden Räumen Audienzen abgehalten wurden. Erst Selim I. (1470–1520) bestimmte den ganzen Gebäudetrakt zur Schatzkammer. Angehäuft wurden Geschenke an die Sultane ebenso wie die Beute aus Kriegszügen. Dazu gehören auch heiligste Reliquien des Islam, die Selim I. 1517 von seinem Ägyptenfeldzug nach Istanbul brachte und die heute ebenfalls im Topkapı-Palast, in der Reliquiensammlung, zu bewundern sind: Der Mantel Mohammeds, eine Bronzeplatte mit seinem Fußabdruck, Barthaare des Propheten. In der Schatzkammer selbst zu bewundern sind mit Elfenbein und Perlmutt verzierte Throne und eine vergoldete Holzwiege für die im Palast geborene Prinzen sowie Preziosen wie der legendäre »Topkapı-Dolch«, den Sultan Mahmut I. (1696–1754) für den Schah von Persien anfertigen ließ, und der 86-karätige, von 49 Brillanten umrahmte »Löffelmacher-Diamant«. In den vier Ausstellungsräumen sind die schönsten Stücke der Osmanischen Sultane aus verschiedenen Jahrhunderten zur Schau gestellt.

Der Harem im Topkapı-Palast ist ein verschlungenes Labyrinth von mehr als 300 über Höfe, Treppen und Korridore miteinander verbundenen Räumen (Bildleisten oben und rechts). Im Fest- und Thronsaal des Harems (großes Bild) vertrieben sich die Frauen ihre Zeit mit Tanz, Musik und Theateraufführungen. Das verbotene Reich beflügelte auch die Fantasie europäischer Künstler.

DIE WELT HINTER DEM SCHLEIER: LEBEN IM HAREM

Der Harem im Topkapı-Palast war eine »Stadt in der Stadt«. Schwarze Eunuchen hafteten mit ihrem Leben dafür, dass kein anderer Mann als der Sultan selbst dieses verbotene (arab. haram = »verboten«) Reich betrat. Hunderte von Konkubinen wetteiferten hier um die Gunst des Herrschers und darum, ihm einen Sohn zu gebären. Doch entgegen der romantisierenden Vorstellung des Westens glich der Harem eher einem Kloster als einem Liebesnest, galten strenge Regeln und eine klar definierte Hierarchie. Je größer und luxuriöser die Räume, desto höher auch die Stellung ihrer Bewohnerinnen. Die mächtigste Position hatte in der Regel die »valide sultan«, die Sultansmutter. Sie lebte wie eine Fürstin mit eigener Hofhaltung und hatte das Sagen über Haupt- und Nebenfrauen, verwöhnte Favoritinnen und unterdrückte Sklavinnen. Ihrem Sohn war sie nicht nur bei der Auswahl seiner Konkubinen behilflich, sondern sie beriet ihn nicht selten auch in Regierungsfragen. Kein Wunder, dass Haremsfrauen, die dem Sultan einen Prinzen geboren hatten, alles daransetzten, diese Position möglichst schnell selbst zu übernehmen – was vielfach zu Intrigen und sogar zu Morden führte. Oft stimmten die Haremsfantasien europäischer Künstler nicht mit der Realität überein, war sie doch ohne die Genehmigung des Sultans nicht zugänglich.

Seit 1948 als Museum deklariert, wird die Hagia Eirene heute nur noch für Veranstaltungen geöffnet, z. B. im Rahmen von Konzerten des Staatlichen Sinfonieorchesters Istanbul (großes Bild rechts). Die goldene Apsis ziert ein Kreuz auf goldenem Grund (großes Bild links). Die ältesten erhaltenen Teile der überkuppelten Basilika (kleines Bild rechts) stammen aus dem 6. Jahrhundert, als die Kirche nach einem Brand wieder aufgebaut worden war. Die Irenenkirche war eine byzantinische Kirche in Konstantinopel, im osmanischen Reich schließlich ein Waffenlager.

Hagia Eirene

Einer der ältesten noch bis heute erhaltenen byzantinischen Sakralbauten der Stadt ist die Kirche des »göttlichen Friedens« (griechisch: »Hagia Eirene«). Der friedliche Nimbus hinderte die Janitscharen aber nicht daran, das Gotteshaus als Waffenlager zu benutzen. Denn die Hagia Eirene steht im ersten Hof des Topkapı-Palastes, einer Domäne der als Elitetruppe des Osmanischen Reiches unter anderem die Leibwache des Sultans rekrutierenden Janitscharen. Errichtet wurde die Kirche vermutlich um das Jahr 300 an der Stelle eines Aphroditeheiligtums. Unter dem oströmischen Kaiser Theodosius I. tagte hier im Jahr 381 das Erste Konzil von Konstantinopel (zugleich das zweite ökumenische Konzil). 150 Bischöfe nahmen damals an diesem Konzil teil, bei dem auch das bis heute gültige christliche Glaubensbekenntnis, das Nicäno-Konstantinopolitanum, formuliert wurde.

Der »Alexandersarkophag« aus Sidon (um 330 v. Chr.) mit beeindruckenden Reliefs zum Leben Alexander des Großen, Statuen der griechischen Antikensammlung (Bildleiste oben, von links). Der »Klagefrauen-Sarkophag« (großes Bild) aus Sidon gehört ebenfalls zu den bedeutendsten Exponaten des Museums. Ganz rechts, Mitte: die Skulptur eines jungen Athleten im Epheben-Saal.

Archäologisches Museum

Etwas versteckt zwischen Topkapı-Palast und Gülhane-Park, dem früheren Palastgarten, findet man das Archäologische Museum, das im Jahr 1896 von dem türkischen Archäologen und Maler Osman Hamdi Bey (1842–1910) gegründet wurde. Es beherbergt drei hochkarätige Sammlungen: das Museum für Altorientalische Kulturen im 1883 als Kunstakademie errichteten Gebäude links vom Eingang, die Keramiksammlung im 1472 außerhalb des Palastbezirkes erbauten Fayencen-Pavillon (Çinili Köşk) und das Museum für Klassische Altertümer im dreiflügeligen neoklassizistischen Hauptbau. Letzteres zeigt als Höhepunkt des Museums wertvolle Sarkophage. Entdeckt wurden diese bei – vom Museumsgründer Hamdi Bey geleiteten – Ausgrabungen in der Nekropole Sidon, einer 332 v. Chr. von Alexander dem Großen eroberten phönizischen Hafenstadt an der Stelle des heutigen Saida im Libanon.

Die rot getünchte Hagia Sophia, das bedeutendste Bauwerk der byzantinischen Kunst, ist eine Verbindung von Langhausbau und kuppelgewölbtem Zentralbau. Die einstige Krönungskirche der byzantinischen Kaiser dominiert eine in der Hauptachse durch zwei Halbkuppeln mit je drei Nebenkuppeln abgestützte, im Norden und Süden durch zweigeschossige Folgen von Gewölben ergänzte Hauptkuppel (Durchmesser 32,2 Meter, Scheitelhöhe 56,2 Meter). Die der göttlichen Weisheit gewidmete Kirche steht auf einem Rechteck von rund 80 Meter Länge und 70 Meter Breite.

Hagia Sophia

In den Jahren 330 bis 1930 nannte man das heutige Istanbul Konstantinopel. Ihre Glanzzeit erlebte die Stadt des Byzantinischen Reichs nach der Gründung durch Kaiser Konstantin den Großen. Das bekannteste Bauwerk der Metropole ist die Palastkirche Hagia Sophia. Errichtet wurde diese in den Jahren 532 bis 537 im Auftrag Kaiser Justinians von Anthemios von Tralleis unter Mitarbeit von Isidor von Milet über den Ruinen einer noch unter Konstantin im Jahr 360 vollendeten Basilika. Über 900 Jahre lang war die Hagia Sophia die Hauptkirche des Byzantinischen Reichs und fast 500 Jahre lang die Zentralmoschee des Osmanischen Reiches: Nachdem die Osmanen die Stadt 1453 erobert hatten, wurde die Kirche in eine Moschee umgewandelt: Man überdeckte die Mosaiken mit Gips und fügte der Anlage viele Anbauten hinzu, darunter vier Minarette. Seit 1934 ist die Hagia Sophia ein Museum.

Konstantin der Große war es, der das Römische Reich wieder vereint und Byzanz zur Hauptstadt gemacht hatte, das ihm zu Ehren in Konstantinopel umbenannt wurde. Auf ihn geht auch die Bezeichnung »Hagia Sophia« zurück. Das auffallendste Element ist die monumentale Kuppel, welche den gesamten Innenraum beherrscht. Sie ruht auf Pendentifs zwischen vier mächtigen Pfeilern (alle Bilder).

Hagia Sophia

Für den Bau der Hagia Sophia waren die besten Materialien gerade gut genug: Silber- und Goldarbeiten aus Ephesos etwa, Ophicalcit aus Thessalien, weißer Marmor von den Marmara-Inseln. Leuchtende Mosaiken bedeckten einst eine Fläche von rund 16 000 Quadratmetern. Beim Betreten des Innenraums stellt man beeindruckt fest, dass sich dem Blick immer neue und größere Räume öffnen. Neun Türen führen ins Hauptschiff. Die wechselvolle Geschichte der Kirche wird deutlich am Nebeneinander von islamischer und byzantinischer Kunst. Nicht versäumen sollte man die »schwitzende Säule« im linken Seitenschiff. Ihr Geheimnis ist allerdings inzwischen gelüftet: Sie zieht die Feuchtigkeit aus einer darunter liegenden Zisterne an. Die beiden Kaiser Justinian I. und Konstantin der Große sind auf einem Mosaik zu sehen, das in der äußeren Vorhalle der Hagia Sophia zu bewundern ist.

Im südlichen Vestibül zeigt ein Mosaik aus dem 10. Jahrhundert Maria mit dem Kind (großes Bild) zwischen den Kaisern Justinian I. und Konstantin dem Großen. Justinian zu ihrer Rechten bringt Maria eine Kirche dar, die Hagia Sophia; Konstantin zu ihrer Linken überreicht ihr eine Stadt: Konstantinopel. Rechts: Konstantin auf einem im 11. Jahrhundert entstandenen Fresko Elmali Kilise in Göreme.

KONSTANTIN DER GROSSE

Geboren wurde Konstantin (um 280–337) in Naissus, dem heutigen Niš in Serbien, als Sohn des Heerführers und späteren Kaisers Constantius I. Chlorus sowie dessen Konkubine, der später heilig gesprochenen Helena. Schon mit 13 kam er an den römischen Kaiserhof in Nikomedia, dem heutigen Izmir – als Geisel zur Sicherung des imperialen Gleichgewichts unter den damals drei römischen Herrschern. Im Jahr 305 flüchtete er zu seinem Vater, der 306 in einer Schlacht gegen die Pikten in Eboracum – dem heutigen York in England – fiel. Konstantin ließ sich von den Truppen seines Vaters zum Kaiser ausrufen, wurde neben Severus II. Mitherrscher im Westen des Römischen Reiches und residierte in Gallien. Doch die Alleinherrschaft musste erst noch erkämpft werden. Entscheidend, auch für die christliche Legendenbildung, wurde die Schlacht an der Milvischen Brücke bei Rom im Jahr 312, als Konstantin »im Zeichen des Kreuzes« den weströmischen Kaiser Maxentius besiegte. Zwölf Jahre später, 324, war das Ziel erreicht: Konstantin regierte die römische Welt und führte das dynastische Prinzip der erblichen Thronfolge ein. Zur Reichshauptstadt bestimmte er Konstantinopel. Obwohl Konstantin andere Religionen duldete, leitete seine zum Gott der Christen eine entscheidende Wende in der abendländischen Geschichte ein.

Den Frevel, dass die Sultan-Ahmet-Moschee sechs Minarette hat (oben) – eine Zahl, die der Al-Hasram-Moschee in Mekka vorbehalten war –, soll der junge Herrscher dadurch zu mildern versucht haben, dass er für Mekka ein siebtes Minarett stiftete. Am Anblick seiner eigenen Moschee konnte er sich nicht lange erfreuen: Er starb im Jahr nach ihrer Vollendung. Große Bilder von links: einer der Durchgänge mit kalligraphischer Ornamentik, rechts der Vorhof mit dem alten Reinigungsbrunnen, der den Gläubigen zur rituellen Waschung vor dem Gebet diente.

Sultan-Ahmet-Moschee (Blaue Moschee)

Mit dem Bau der nach ihm benannten Moschee wollte sich Ahmet I. (um 1589–1617), der erste Sultan des Osmanischen Reiches, der (1603) als Minderjähriger auf den Thron kam, ein Denkmal setzen. Größer und schöner als die unweit nordöstlich gelegene Hagia Sophia sollte sie werden sowie – Ausdruck besonders hochfliegender Ambitionen – goldene Minarette haben. Als Bauplatz wählte der Sultan die Südostseite des Hippodroms, mit dem Bau beauftragte er den Hofbaumeister Mehmet Tahir Aga (um 1540–1617), einen Schüler von Sinan (um 1490–1588), der als bedeutendster Architekt seiner Zeit gilt. Goldene Minarette aber hätten das Budget der 1609–1616 errichteten Moschee gesprengt, weshalb sich Ahmets Baumeister »verhört« und statt dem türkischen Wort »altın« (golden) die Zahl »altı« (sechs) verstanden haben soll. Er baute also zwei Minarette mehr als üblich.

Seit der Säkularisierung der Hagia Sophia ist die Sultan-Ahmet-Moschee Istanbuls Hauptmoschee. Überwältigend ist der Eindruck in ihrem 53 mal 51 Meter großen Innenraum: Bei einem Durchmesser von 23,5 Metern erreicht die Hauptkuppel eine Scheitelhöhe von 43 Metern. Deren Last tragen auch vier Halbkuppeln, die ihrerseits von je drei Konchen unterstützt werden.

Sultan-Ahmet-Moschee (Blaue Moschee)

Dass die Sultan-Ahmet-Moschee auch als »Blaue Moschee« bekannt ist, kommt nicht von ungefähr: Mehr als 21 000 blaugrüne Keramikfliesen aus Iznik, das bereits in der Mitte des 15. Jahrhunderts für seine Fliesenmanufakturen berühmt war, wurden für ihre Verkleidung verwendet. Stilisierte Lilien, Nelken, Tulpen und Rosen zieren die Fliesen und erstrahlen in dem gedämpften Licht, das durch die mehr als 250 Fenster ins Innere fällt. Die Hauptlast der Kuppel nehmen vier kannelierte Säulen auf, die einen Durchmesser von gut fünf Metern haben und häufig auch »Elefantenfüße« genannt werden. Die Gebetskanzel (Minbar) der Moschee wurde nach dem Vorbild derjenigen in Mekka gestaltet. Wie die Gebetsnische (Mihrab) wurde sie aus weißem Marmor angefertigt. Letztere wird von kostbaren Steinen geschmückt – auch ein Bruchstück von der Kaaba in Mekka soll darin eingelassen sein.

Die Markthallen des Arasta-Basars (unten rechts), auf dem es neben allerlei Kunsthandwerk auch Teppiche und Ledertaschen zu kaufen gibt, ducken sich in den Schatten der nahen Sultan-Ahmet-Moschee (unten links). Da der Basar weniger überlaufen ist anderswo, kann man hier recht gelassen, vielleicht auch bei einer Tasse Tee, dem nicht ganz so hektischen Treiben zusehen.

Arasta-Basar

Egal, ob man hier morgens den ersten Kaffee schlürft oder abends an den rund 40 Läden vorbeischlendert: Die Atmosphäre auf dem Arasta-Basar wird, anders als etwa auf dem stets überlaufenen Großen Basar, eher ruhig und beschaulich sein. Ursprünglich waren hier Stallungen untergebracht, die im 17. Jahrhundert zur selben Zeit wie die nahe Sultan-Ahmet-Moschee errichtet wurden, zu dessen Komplex sie einst gehörten. Mehrere Brände zerstörten die historischen Holzkonstruktionen, doch in den 1980er-Jahren wurden die ehemaligen Stallungen restauriert und in Läden umgewandelt. Heute werden auf dem Basar täglich Schmuck, Gewürze und Textilien angeboten sowie verschiedenes Kunsthandwerk. Die Erlöse aus den Ladenmieten fließen in den Erhalt der Sultan-Ahmet-Moschee. In den umliegenden Straßen findet man einige der bekanntesten Teppich- und Keramikhändler Istanbuls.

Viele Geheimnisse des Großen Palastes liegen noch immer in bis zu acht Metern Tiefe unter dem heutigen Straßenniveau begraben. Doch die teilweise sichtbar gelassenen Mauern (Bildleiste oben, von links) geben noch einen Eindruck von der alten Pracht. Die im 5./6. Jahrhundert unter Kaiser Justinian I. entstandenen Mosaiken bildeten einst das umfangreichste Naturmosaik der Antike.

Großer Palast der byzantinischen Kaiser, Mosaikenmuseum

Seit Konstantin der Große Byzanz zur Hauptstadt des Römischen Reiches erhoben hatte, erstreckte sich auf einem riesigen, vom 31 Meter hohen Hügel beim Hippodrom in sechs Terrassen hinüber zur Hagia Sophia und bis hinunter zum Marmarameer reichenden Areal der Große Palast der byzantinischen Kaiser – historischen Quellen zufolge ein Komplex aus mehreren, in Gärten eingebetteten Palastbauten und Pavillons. Erst im 13. Jahrhundert wurden diese Bauten dem Verfall preisgegeben, später errichtete man darüber Wohnhäuser. Südöstlich der Sultan-Ahmet-Moschee fand man in den 1930er- und 1950er-Jahren herrliche Fußbodenmosaiken, die wohl einst zum Peristyl, dem von Kolonnaden umgebenen Hof der byzantinischen Palastanlagen, gehörten. Ein etwa 250 Quadratmeter großes zusammenhängendes Stück des antiken Mosaikbodens ist im Mosaikenmuseum zu bewundern.

Traditionelle Holzhäuser (hier nahe der Süleymaniye-Moschee) sind in Istanbul, wenn auch teils in erbarmungswürdigem Zustand, noch mancherorts zu besichtigen. Dass eine Renovierung der pastellfarbenen Häuser erfolgreich sein kann, belegt etwa die Soğukçeşme Sokağı, eine kopfsteingepflasterte Gasse beim Gülhane-Park oder sehenswerte Exemplare im Sultan-Ahmet-Viertel.

TRADITIONELLE ISTANBULER HOLZHÄUSER

Bis ins 20. Jahrhundert hinein war Istanbul zum überwiegenden Teil noch eine »hölzerne Stadt«. Denn fast alle traditionellen Wohnhäuser am Bosporus waren auf eine ähnliche Weise errichtet worden: Über einem steinernen Erdgeschoss hatte das Istanbuler Stadthaus ein oder zwei Obergeschosse aus Holz. In solchen Häusern nahm man keine verdächtige Bewegung hinter Gardinen wahr – denn die Bewohner konnten, wenn die Neugier siegte, durch das Holzgitter an den Fenstern im Obergeschoss blicken, ohne dabei selbst gesehen zu werden. Die Wunden aber, welche die großen Stadtbrände in diese historische Bebauung rissen, füllte man lieber mit massiveren Konstruktionen und Materialien, statt erneut auf (und mit) Holz zu bauen. Zwar gab es im Viertel Zeyrek entlang des Atatürk Bulvarı bis in die 1970er-Jahre hinein noch das größte zusammenhängende Holzhausquartier Istanbuls, doch überall in der Stadt war der Bestand der traditionellen Holzhäuser bedroht. Inzwischen bemüht man sich immerhin um den Erhalt der alten Häuser, die vielfach dem Verfall preisgegeben sind und hinter deren zerbrochenen Scheiben kein diskretes Ausspähen mehr möglich ist. Der Aufstieg des Betons war gleichzeitig der Niedergang der traditionellen »mahalle«, der moderne Istanbuler wohnte von nun an im »apartman«.

Das besterhaltene Zeugnis des antiken Hippodroms ist der knapp 20 Meter hohe Ägyptische Obelisk (großes Bild rechts), den Pharao Thutmosis III. im 15. Jahrhundert v.Chr. in Karnak aufstellen und Kaiser Theodosius I. im Jahr 390 hierherbringen ließ; am Marmorsockel Reliefs von Theodosius mit Familie. Rechts: »Deutscher Brunnen«, eine Stiftung von Kaiser Wilhelm II. 1898.

Hippodrom

Einer der historisch wichtigsten Schauplätze Istanbuls, das Hippodrom – ein in seinem Aufbau an den Circus Maximus in Rom erinnernder, ab dem Jahr 203 unter dem römischen Kaiser Septimius Severus angelegter sowie unter Konstantin dem Großen im 4. Jahrhundert erweiterter und prächtig ausgeschmückter Austragungsort für Wagenrennen und Reiterspiele –, hat viel von seinem einstigen Prunk eingebüßt: Beim vierten Kreuzzug (1202–1204) wurde die als gigantische (rund 480 Meter lange und 120 Meter breite) Ellipse angelegte, von zweistöckigen Tribünen für mehr als 100 000 Zuschauer umgebene Anlage, in der am 11. Mai 330 die Gründungszeremonie des »Neuen Roms« gefeiert worden war, verwüstet und geplündert. So schmückten etwa die berühmten vier Bronzepferde, die heute in Vendig zu bestaunen sind, einst eine Quadriga am Hippodrom von Konstantinopel.

Wohl aufgrund der beengten Hanglage wurde hier anders als sonst die Medrese (theologische Hochschule) nicht als ein separates Gebäude konzipiert, sondern in den Vorhof der Moschee integriert. Die prächtigen Fayencen im Inneren stammen zum Teil noch original aus dem 16. Jahrhundert. Im Gebetsstuhl sollen zwei schwarze Steine von der Kaaba in Mekka eingearbeitet worden sein.

Sokollu-Mehmet-Paşa-Moschee

Sokollu Mehmet Paşa (1505 bis 1579) entstammte einer bosnischen Adelsfamilie aus Sokoloviçi und wurde im Zuge der »Knabenlese« – einer während des Osmanischen Reichs vor allem auf dem Balkan gebräuchlichen Zwangsrekrutierung christlicher junger Männer – in die Stadt am Bosporus gebracht, wo er zum Islam konvertieren musste und zunächst zum Janitscharen ausgebildet werden sollte. Dort erwarb er sich das Vertrauen Süleymans I. und machte schließlich Karriere als Großwesir dreier Sultane. Die nach ihm benannte, von seiner Gemahlin Ismihan Sultan, einer Tochter Selims II., gestiftete kleine Moschee mit nur einem Minarett liegt südwestlich des Hippodroms in abschüssiger Hanglage. Errichtet wurde sie dort in den Jahren 1571/72 über den Resten einer byzantinischen Kirche. Sie gilt als ein gelungenes Spätwerk des legendären osmanischen Architekten Sinan.

Wie die Hagia Sophia war auch ihre »kleine Schwester« ursprünglich mit Goldmosaiken ausgeschmückt. Als Moschee präsentiert sich der Sakralbau weiß getüncht. Die in Richtung Mekka weisenden islamischen Kulteinrichtungen, Gebetsnische (Mihrab) und Kanzel (Minbar), stehen schräg zur Bauachse des von einer 20 Meter hohen, auf acht Pfeilern ruhenden Kuppel dominierten Innenraums.

Küçük-Ayasofya-Moschee (Kleine Hagia Sophia)

Auf dem Weg von der Sokollu-Mehmet-Paşa-Moschee in südlicher Richtung weiter hinab zum Marmarameer erreicht man die frühere Sergios-und-Bakchos-Kirche, die seit ihrer Umwandlung in eine Moschee zu Beginn des 16. Jahrhunderts, unter Bayezit II. (um 1447–1512), »Kleine Hagia Sophia« genannt wird. Die wenige Jahre vor ihrer »großen Schwester«, schon bald nach dem Regierungsantritt ihres Stifters Kaiser Justinian I. im Jahr 527 errichtete und wohl spätestens im Jahr 536 fertiggestellte, zwei frühchristlichen Märtyrern geweihte Kirche gehörte einst zum Großen Palast der byzantinischen Kaiser. Von außen eher unscheinbar, ist das Besondere die geometrische Konstruktion, bei der ein zentraler oktogonaler Kuppelraum in ein unregelmäßiges Viereck eingefügt wurde. Der späteren Moschee fügte man noch einen Vorhof mit Reinigungsbrunnen und ein Minarett hinzu.

»Cisterna Basilica« wurde die von der bosporusaufwärts gelegenen Quellen gespeiste Zisterne zur Zeit Justinians I. genannt – nach einer über ihr errichteten, nicht erhaltenen Kirche. Als Teil eines größeren Systems deckte sie den Wasserbedarf des Großen Palastes. Berühmt sind die beiden Medusenhäupter in der Nordwestecke, die einst ein Heiligtum von Wassernymphen zierten.

Yerebatan-Zisterne

Warum man diese größte erhaltene antike Zisterne Istanbuls auch »Yerebatan Sarayı«, »Versunkener Palast«, nennt, wird schnell klar, wenn man die Stufen hinabsteigt und auf eingezogenen Holzstegen jene faszinierende Unterwelt erkundet, die bereits im 4. Jahrhundert unter Konstantin dem Großen angelegt worden sein soll. Ihre heutige Größe erhielt sie aber erst durch einen Ausbau ab dem Jahr 532 unter Kaiser Justinian I.: Seitdem ist sie, bei einem Fassungsvermögen von rund 80 000 Kubikmetern, etwa 140 Meter lang und knapp 70 Meter breit. 336 gut erhaltene, in zwölf Reihen angeordnete und bis zu acht Meter hohe Säulen tragen das Ziegelsteingewölbe und spiegeln sich im dunklen Wasser. Angenehm kühl ist es hier unten, auch im Sommer. Klassische Musik ertönt vom Band, Wasser tröpfelt leise vor sich hin, und Scheinwerfer tauchen die Szenerie in ein fast magisches Licht.

Das Hamam hat in der Mitte des Raums eine riesige Marmorplatte, auf der man von Kopf bis Fuß professionell massiert werden kann – ein Erlebnis, das Mark Twain halb ironisch beschrieb: »Alsbald setzte mich mein Mann neben einen Behälter mit heißem Wasser, machte mich gründlich nass, zog einen groben Fäustling über die Hand und fing an, mich damit von oben bis unten abzupolieren.«

Cağaloğlu-Hamam

Gerne nehmen sich die Mitarbeiter im Cağaloğlu-Hamam, einem der schönsten historischen Bäder der Stadt, die Zeit, den (vielfach auch ausländischen) Besuchern geduldig die an einem solchen Ort traditionell übliche Prozedur des Einseifens, Massierens, Schwitzens und Ruhens zu erklären. Das wenige Gehminuten nordwestlich vom Eingang der Yerebatan-Zisterne gelegene Badehaus wurde 1741 im Auftrag von Sultan Mahmut I. errichtet. Männer- und Frauen haben jeweils getrennte Eingänge. Beide Abteilungen sind identisch aufgebaut: Man betritt das Bad über den Empfangsraum (Camekan), wo man Handtücher und Seife erhält und sich nach dem Bad bei einem Tee entspannt. Über den Warmraum (Soğuluk) gelangt man in das eigentliche Dampfbad (Hararet) – das Zentrum eines jeden türkischen Bades, in dem man sich so lange aufhalten kann, wie man will.

Die Nuruosmaniye-Moschee markiert den Südosteingang zum Großen Basar. Großes Bild rechts unten: Der Blick schweift über die Kuppeln des Basars hinweg auf die Moschee. In nächtlicher Beleuchtung kommen die barocken Stilelemente der Moschee besonders gut zur Geltung. Wer sich dem Trubel auf dem Basar gern entziehen will, der findet in dem durch fünf Fensterreihen lichtdurchfluteten Inneren der Moschee andächtige Stille (großes Bild, unten links). Das namensgebende »Licht des Osman« taucht den Gebetsraum in eine Sphäre göttlicher Erhabenheit.

Nuruosmaniye-Moschee

Die barocke Fassade der Nuruosmaniye-Moschee steht in einem auffälligen Kontrast zu ihrem schlichten Inneren. Mit ihrem Bau begann man bereits im Jahr 1748 unter Mahmut I., fertiggestellt wurde sie aber erst 1755 unter Osman III. (1699–1757), der seinem Bruder Mahmut auf den Thron folgte und dem die Moschee ihren Namen verdankt: »Nuruosmaniye« bedeutet »Licht des Osman«. Im Inneren der Kuppel wird der »Lichtvers« (äyat an-nūr) zitiert, der (Gott als Licht des Himmels und der Erde beschreibende) 35. Vers der 24. Sure des Koran – vielleicht ein Hinweis auf die gewollte »Gottgleichheit« des Sultans. In der Architektur der auf einem tiefen Untergeschoss ruhenden Einkuppelmoschee sind erstmals Stilformen des Osmanischen Barocks zu erkennen. Ein architektonisches Novum der damaligen Zeit war der aus Platzgründen hufeisenförmig angelegte Vorhof der Moschee.

Traditionell sind die jeweiligen Gassen einzelnen Warengruppen vorbehalten; Cafés und Restaurants sorgen für das leibliche, Moscheen für das spirituelle Wohl. Keimzelle des Basars war eine Markthalle, die unter Mehmet II. Fatih 1461 errichtet und sukzessive durch eine von 15 Kuppeln überwölbte Pfeilerhalle ersetzt wurde. Um diese herum gruppierten sich immer mehr Händler und Handwerker.

Großer Basar

Spricht man in Istanbul vom »Basar«, meint man in erster Linie den Kapalı Çarşi, den Großen (oder wörtlich: gedeckten) Basar. Dieser größte orientalische Markt der Welt ist eine Stadt für sich, »ein ungeheurer Bienenstock kleiner Läden« (Mark Twain) und eine Touristenattraktion, um die Einheimische wie der 1952 in Istanbul geborene Literatur-Nobelpreisträger Orhan Pamuk »lieber einen Bogen« machen. Alle anderen aber werden sich einen Besuch nicht entgehen lassen: Zu bunt und vielfältig ist das Treiben in den halbdunklen, größtenteils überdachten 61 Straßen und Gassen des sich zwischen der Nuruosmaniye-Moschee im Osten und der Beyazit-Moschee im Westen erstreckenden, mehr als 300 000 Quadratmeter großen, von einer hohen Mauer mit 22 Toren umgebenen Basars. Rund 4400 Geschäfte und fast 2200 Ateliers warten hier im merkantilen Herzen der Stadt auf Käufer.

»Willst du einen Menschen kennenlernen, so treibe mit ihm Handel«, soll Mohammed, der Prophet und Stifter des Islam, der selbst an Handelszügen teilnahm, gesagt haben. In Teppichgeschäften (alle Bilder) bietet sich dazu genügend Gelegenheit; auch zum Feilschen (pazarlık), für das man sich allerdings genügend Zeit nehmen sollte – gleich von den Preisen zu sprechen, gilt als unfein.

GEKNÜPFT ODER GEWEBT: TÜRKISCHE TEPPICHKUNST

Die Auswahl ist schier unerschöpflich: Nicht nur im Großen Basar reiht sich ein Teppichgeschäft an das andere, preisen Händler ihre bunte Ware an. Die alte Kunst der Teppichweberei hat in der Türkei Tradition und wird von Generation zu Generation weitergereicht. Gern sprechen die Händler bei einem Tässchen eine unverfängliche Einladung in ihren Laden aus, gemäß dem Motto: »Sehen kostet nichts.« Dort parlieren sie dann über die Vielfalt ihres Angebots. Grundsätzlich unterscheidet man zwei Teppicharten: geknüpfte und gewebte. Geknüpfte Teppiche bringen Bräute als Mitgift in die Ehe; sie hängen zu Dekorationszwecken an der Wand oder liegen als Wärmespender auf dem Boden. Ausschlaggebend ist die Dichte der Knoten. Bei echter Handarbeit kann man diese gut erkennen, auch lässt sich der Flor nicht herausziehen. Zur Herstellung wird reine Wolle, manchmal auch Seide verwendet – Beimischungen von Baumwolle oder Synthetik machen das gute Stück günstiger. Webteppiche (Kelims) sind kleiner, dienen oftmals als Gebetsteppiche und zeigen als »Gebetsmuster« das Relief einer Gebetsnische oder das Lebensbaummuster als Symbol der Unsterblichkeit. Das für Kelims typische treppenförmige, farbige Musterbild wird von den Schussfäden gebildet. Beim Wenden des Fadens entsteht ein kleiner Leerraum.

Zwar ist der Großteil des Angebots auf dem Bücherbasar in türkischer Sprache verfasst, aber es gibt ebenso internationale Fachliteratur, Reise- und Sprachführer, auch Kalligrafien und Miniaturen. Das erste Buch, das der auf dem Basar geehrte Ibrahim Müteferrika in seiner Druckerei veröffentlichte, erschien übrigens 1729 und war ein türkisch-arabisches Wörterbuch.

Bücherbasar

Schon im 16. Jahrhundert wurde Istanbul als »Stadt der Bücher« gerühmt: »Bücher in riesigen Mengen« gebe es hier, berichtete ein marokkanischer Gesandter, der 1589/90 Istanbul besuchte und »eine ziemlich große Zahl höchst interessanter [Bücher] mitgenommen« haben will. Gut möglich, dass er auch auf dem Bücherbasar fündig wurde: Dazu musste er nur wenige Meter südwestlich des Großen Basars durch eine weinumrankte Pforte gehen und dann einige Stufen hinab steigen in die schmale Gasse des Bücherbasars, Sahaflar Çarşısı, auf dem neue und antiquarische, in- und ausländische Bücher, alte Stiche, Kalenderblätter und Poster angeboten werden. Weiter im Westen weitet sich die Gasse dann zu einem kleinen Platz, auf dem ein Denkmal an Ibrahim Müteferrika erinnert, einen ungarischstämmigen Gelehrten, der 1726 in Istanbul die erste Druckerei des Osmanischen Reiches eröffnete.

Gold ist in der Türkei so begehrt, dass in den türkischen Haushalten geschätzte 5000 Tonnen von diesem Edelmetall aufbewahrt werden. Allein im Großen Basar in Istanbul (alle Abbildungen) gibt es mehr als 1000 Juweliere, im ganzen Land sollen es circa 35000 sein. Auch außerhalb ist das edle Gut begehrt: Goldschmiede machten ihr Land zum zweitgrößten Exporteur von Goldschmuckartikeln.

TRADITIONSREICHES HANDWERK: GOLD UND SILBER

In der Türkei liebt man Gold. Ob zu Neujahr, zum Geburtstag oder zur Hochzeit – ein Grund findet sich immer, um Goldschmuck zu verschenken. Und die Goldschmiede stehen hier in einer jahrtausendealten Tradition: Schon im 3. vorchristlichen Jahrtausend wurde in Anatolien Gold zu Schmuck verarbeitet. Anders als bei Teppichen etwa ist Feilschen hier übrigens nicht angebracht: Goldschmuck wird nach Gewicht verkauft, wobei der Tagespreis ausschlaggebend ist. Dieser wird in den Ladenfenstern ausgehängt, vor denen die potenziellen Kunden stehen, die sich kaum sattsehen können an den Auslagen und mit Kennermiene über die schönsten Geschmeide fachsimpeln. Was tausendfach in den Geschäften zum Verkauf ausgestellt wird – Halsketten, Ohrringe, Armbänder, Ringe, Münzen, Barren – wird dann später von den stolzen Besitzern in Truhen, Schubladen und Safes gehortet.

Auch Silberschmuck ist sehr begehrt. Traditionelle Motive werden von Hand in 800- bis 900-karätigem Silber eingearbeitet. Auf diese Weise entstehen anatolischer Volksschmuck, Buchhüllen, Spiegel, Schatullen; auch Ohrringe, Armbänder, Gürtel werden teils nach dem Vorbild alter Originale neu gefertigt. In der Schatzkammer des Sultans wurde das Edelmetall Silber häufig pur oder vergoldet verwendet – sei es als Essgeschirr oder als Beiwerk von Preziosen.

Die gewaltige Hauptkuppel der Beyazit-Moschee ruht auf vier mächtigen Marmorstützen und zwei Porphyrsäulen. Ihre Abstützung durch zwei größere Halbkuppeln in der Längsachse, über dem Eingang und über der Gebetsnische, erinnert an die architektonische Anlage der Hagia Sophia. Entlang der Nordost- und der Südwestseite reihen sich jeweils vier kleinere Kuppeln aneinander.

Beyazit-Moschee

Inschriften über dem Portal und im Hof zufolge ließ Sultan Beyazit II. (um 1447–1512), ein Sohn Mehmets II. Fatih, die nach ihm benannte Moschee im ersten Jahrzehnt des 16. Jahrhunderts errichten. Damit ist sie die älteste original erhaltene Sultansmoschee der Stadt. Mit der Planung und Ausführung des Baus beauftragte er vermutlich Yakub Şah Bin Sultan Şah, dem hier ein Paradebeispiel klassischer osmanischer Architektur gelang, das auch Einflüsse der Hagia Sophia und der Grünen Moschee in Bursa erkennen lässt. Im Garten der Moschee gab es einst eine Armenküche, die 1880 in eine Bibliothek umgewandelt wurde. Die Moschee selbst erhebt sich an der Ostseite des Beyazit Meydanı, eines der lebhaftesten Plätze der Altstadt. An der westlichen Seite beherbergt die frühere Medrese ein Kalligrafiemuseum mit alten Koranhandschriften und Tuğras – kalligrafische Sultan-Signaturen.

Die vier Minarette der Moschee verweisen wie die insgesamt zehn Balkone, mit denen diese versehen sind, auf Süleyman I. als vierten Sultan seit der Eroberung der Stadt und zehnten Herrscher des Osmanischen Reichs. Um den inneren, von einer Mauer umgebenen Bezirk der Moschee gruppiert sich terrassenförmig abgestuft ein riesiger Komplex mit sozialen und karitativen Einrichtungen.

Süleymaniye-Moschee

Majestätisch thront die weithin sichtbare Moschee Sultan Süleymans I. auf dem dritten Altstadthügel über dem Goldenen Horn. Ihr erhabener Standort ist auch ein Ausdruck des Selbstbewusstseins ihres Stifters, der sich zur Zeit ihrer Entstehung, 1550 bis 1557, auf dem Höhepunkt seiner Macht befand. Aber nicht nur er, auch sein als »Dichter der Steine«, als »osmanischer Michelangelo« gefeierter Baumeister Sinan setzte sich mit diesem Bau ein Denkmal: Um den hohen Ansprüchen seines Auftraggebers gerecht zu werden, der gefordert hatte, die Moschee solle »so lange aufrecht stehen« bleiben, »wie die Welt besteht«, errichtete Sinan den Bau über einem als erdbebensicher geltenden Fundament. Die Hauptkuppel der Moschee ist nach jener der Hagia Sophia die zweitgrößte Istanbuls, der riesige Moscheenkomplex als Ganzes das größte vergleichbare Bauensemble der Stadt.

Rund 1000 Jahre lang hatten byzantinische und osmanische Baumeister versucht, die Hagia Sophia an ästhetischer Anmut und monumentaler Pracht zu übertreffen. Aber erst der 1538 von Süleyman I. zum Leiter des Hofbauamtes ernannte Sinan meisterte die Herausforderung, eine annähernd gleich große Kuppel gleichsam schwerelos auf einem riesigen lichterfüllten Raum aufzusetzen.

Süleymaniye-Moschee

Weit und licht präsentiert sich das Innere der Moschee: 138 Fenster tauchen den Innenraum in helles Licht, bunte Kacheln aus Iznik sorgen für feine Verzierungen. Die überwältigend schöne, 54 Meter hohe und im Durchmesser 27,5 Meter messende Hauptkuppel ruht auf vier gewaltigen Pfeilern und setzt sich aus zwei Schalen zusammen, zwischen die Sinan 64 bauchige Tonzylinder einfügen ließ. Deren Öffnungen zeigen in den etwa 58 mal 57 Meter großen Gebetsraum und sorgen dort für eine hervorragende Akustik. Um den Innenhof der Moschee mit Säulen aus rosafarbenem Granit und weißem Marmor zu verzieren, wurde die ehemalige Kaiserloge des byzantinischen Hippodroms »geplündert«. Mehr als 3000 Arbeiter und Handwerker waren damals an dem Bau beteiligt, den Sinan »nur« als sein »Gesellenstück« verstand – für sein Meisterstück hielt er die Selimiye-Moschee in Edirne.

Berühmt ist die Moschee vor allem für ihren fast vollständig erhaltenen Fayencenschmuck. Schon im Vorhof entfaltet sich eine wahre Fliesenpracht, im Inneren zieht sich der Keramikschmuck aus Iznik und Kütahya bis hinauf zur obersten Fensterzone (alle Bilder rechts). Sehenswert sind zudem die Marmorarbeiten und das mit Perlmuttintarsien versehene Predigerpult (großes Bild, links).

Rüstem-Paşa-Moschee

Auch die in nur zwei Jahren, 1561 bis 1563, für den gleichnamigen Großwesir errichtete Rüstem-Paşa-Moschee ist ein Beispiel für die unvergleichliche architektonische Meisterschaft des Sinan. Seinem ursprünglich aus Sarajewo stammenden Auftraggeber, einem Schwiegersohn von Süleyman I., konnte ein gewisser Geschäftssinn nicht abgesprochen werden. Dieser war wohl auch hauptsächlich für die Wahl des Standorts seiner Moschee ausschlaggebend: Mitten im quirligen, dicht gedrängten Geschäftsviertel Tahtakale am Goldenen Horn gelegen, musste der Architekt sie zwar quasi auf ein »Podest« stellen, einen massiven Unterbau also, der sie sichtbar über das Alltagsgetümmel erhob; dieser Unterbau hatte aber auch den Vorteil, dass er diverse Läden, Werkstätten und Lager beherbergen konnte, deren Pachtzins praktischerweise gleich dem Unterhalt der Moschee zugute kam.

Alle Düfte des Orients wehen einem auf dem unweit der Yeni-Moschee gelegenen Ägyptischen Basar entgegen. Etwa 100 Händler bieten dem Auge ein Fest der Farben und Formen, der Nase ein sinnliches Vergnügen. Nirgendwo sonst in Istanbul bekommt man so viele Gewürze so ansehnlich präsentiert wie hier: ob Kreuzkümmel oder Paprika, Pfeffer oder Safran, Vanille oder Zimt.

Ägyptischer Basar (Gewürzbasar)

Bereits zum Stiftungskomplex der Yeni-Moschee gehört der Ägyptische Basar, der um das Jahr 1660 unter der Leitung des Architekten Kasım Ağa ursprünglich als Karawanserei errichtet wurde, in deren Schutz auch Händler ihre Waren lagern, ihren Geschäften nachgehen und übernachten konnten. Als im darauffolgenden Jahrhundert die große Zeit der Karawanen allmählich vorbei ging, weil sich der Warentransport mehr und mehr von Wüstenschiffen auf »richtige« Schiffe verlagerte, wurde die Karawanserei in einen Basar umgewandelt, den man vor Ort »Ägyptischer Basar«, Mısır Çarşısı, nennt, weil einstmals die meisten Waren aus Ägypten importiert wurden. Warum der überdeckte, auf L-förmigem Grundriss angelegte Markt auch als »Gewürzbasar« bekannt ist, muss dagegen gar nicht groß erläutert werden: Vertrauen Sie doch einfach Ihrer eigenen Nase!

Der von Hatice Turhan Sultan beauftragte Hofbaumeister Mustafa Ağa legte die Moschee außen wie innen geradezu »klassisch« an: Die 36 Meter hohe Hauptkuppel ist umrahmt von kaskadenförmig abgestuften Seitenkuppeln und zwei Minaretten (rechts); das Innere zieren Fayencen aus den Meisterwerkstätten von Iznik (großes Bild), die auch im Sultanspavillon zu bestaunen sind.

Yeni-Moschee, Hünkar Kasrı

Anders als die meisten großen Moscheen der Stadt liegt diese hier nicht exponiert auf einem Hügel, sondern nahe dem südlichen Brückenkopf der Galatabrücke am Goldenen Horn. Treibende Kraft hinter dem im Jahr 1597 begonnenen Bau war eine Frau, Safiye Sultan, die Mutter Mehmets III. (1566–1603). Seit 1595, als ihr Sohn den Thron bestieg, zog sie im Harem die Fäden. Doch mit dem Tod des Sultans kamen die Arbeiten an der »Neuen Moschee« (»Yeni Camii«) nur noch schleppend voran. 1660 zerstörte ein Brand den halbfertigen Bau; die heutige Gestalt der in nur drei Jahren, bis 1663, vollendeten Moschee ist ebenfalls einer Frau zu verdanken: Hatice Turhan Sultan, der Mutter von Mehmet IV. (1642–1693). Von der Sultansloge im Inneren des Bethauses führt ein überdeckter Zugang zu einem kleinen Palast, Hünkar Kasrı, der seit 2010 wieder in restaurierter Form zu besichtigen ist.

»Eminönü« hieß früher der bis zum Jahr 2008 eigenständige Istanbuler Stadtbezirk, der nun dem Stadtteil Fatih zugeordnet ist. An der Spitze der Altstadthalbinsel, am südlichen Ende der Galatabrücke gelegen und heute einer der bedeutendsten Verkehrsknotenpunkte auf der europäischen Seite Istanbuls, ist dies der Ort, an dem einst das antike Byzantion gegründet wurde.

Hafen von Eminönü

Noch im Ägyptischen Basar hört man die Hornsignale der Schiffe und Fähren im Hafen von Eminönü. Hier geht es zu wie im Bienenkorb – Istanbuler auf dem Weg in andere Stadtviertel, Reisende auf dem Weg zu einem Ausflugsziel, dazwischen Getränke- und Snackverkäufer, die ihre Waren anbieten. Die Stadt und die Umgebung vom Wasser aus zu erkunden, bietet neue Ein- und Ausblicke. Egal, ob man sich auf einen Sprung über das Goldene Horn nach Beyoğlu macht, weiterfährt nach Üsküdar in den asiatischen Teil oder den Bosporus erkundet und sich bis zum Fischerdorf Rumeli Kavaği auf europäischer oder Anadolu Kavaği auf asiatischer Seite, der Endstation des Stadtdampfers, schippern lässt. Sechs Piers hat der Hafen, an denen auch Motorboote anlegen, daneben warten Fähren und Wasserbusse – schnelle Katamarane, die im Sommer auch die Prinzeninseln ansteuern.

Die auf 114 Pfeilern stehende Galatabrücke ist die erste fest im Untergrund verankerte Brücke über das Goldene Horn. Jahrelang standen die Geschäftsflächen unter der Fahrbahn leer, doch seit 2002 findet man dort viele Cafés und Restaurants mit Blick auf die Yeni-Moschee (großes Bild) und auf den Galataturm (rechts). Trotz der acht Fahrbahnen ist die Brücke oft überlastetes Nadelöhr (unten rechts).

Galatabrücke

Wer zum ersten Mal seinen Fuß auf die Galatabrücke setzt, könnte den Eindruck bekommen, hier spiele sich das ganze Leben Istanbuls ab. Oben stehen Angler, unten warten vor und in den Cafés und Restaurants schon bunte Kissen auf möglichst viele Gäste. Verkäufer mit Sesamkringeln eilen vorüber – geschäftig sind sie alle, doch Zeit für einen kleinen Plausch bleibt immer. Unaufhörlich braust der Verkehr, unaufhörlich fotografieren Reisende die Silhouetten diesseits und jenseits des Goldenen Horns. Nach zwei Holzkonstruktionen schwang sich ab dem Jahr 1875 eine erste Eisenbrücke von der Altstadt zur Neustadt, von Eminönü nach Karaköy. 1912 wurde diese durch eine Pontonbrücke mit zwei Etagen abgelöst. Die heutige 42 Meter breite, im Jahr 1992 fertiggestellte Brücke ist eine ebenfalls zweigeschossige Konstruktion des deutschen Bauingenieurs Fritz Leonhart (1909–1999).

»Das Nebeneinander von großer Historie und bedrückender Armut, von Offenheit für äußere Einflüsse und wundersam erhaltenem Gemeinschaftsgeist, von zur Schau gestellter Natur- und Kunstschönheit und einem aus wackeligen, heiklen Beziehungen zusammengeflickten Alltagsleben: liegt etwa darin das Geheimnis Istanbuls?« – Orhan Pamuk, unterwegs auf dem Goldenen Horn.

MYTHEN UND LEGENDEN: DAS GOLDENE HORN

Um das Goldene Horn ranken sich Mythen und Legenden wie aus Tausendundeiner Nacht. So sollen die früheren Herrscher ihre Paläste mit so viel Gold geschmückt haben, dass ihr Glanz mit der Sonne um die Wette eiferte und der vom Bosporus nach Westen abzweigenden, den europäischen Teil der Stadt teilenden Bucht ihren Namen gab. Eine andere Geschichte berichtet, dass die Byzantiner beim Einzug der Osmanen ihre (Gold-)Schätze in das Hafenbecken geworfen hätten, was dem Wasser einen goldenen Glanz und der Bucht ihren Namen gegeben haben soll.

Das moderne Istanbul sieht die Sache etwas prosaischer: Da heißt das Goldene Horn schlicht »Haliç« (Bucht, Meerbusen). Genau genommen handelt es sich um ein gegen Ende der Würmeiszeit ertrunkenes Flusstal; spannender als alle Erklärungsversuche sind aber doch die Mythen und Legenden, die sich um das Goldene Horn ranken: So schützte zum Beispiel früher eine große Kette seinen Eingang, doch Sultan Mehmet II., der nicht umsonst Fatih, »der Eroberer«, genannt wird, überwand diese Barriere, indem er seine Schiffe kurzerhand aufs Land schleppen und dahinter wieder ins Wasser setzen ließ. In dem Roman »Der Eroberer« (1998) von Nedim Gürsel wird der Mythos um Fatih im Spannungsfeld zwischen Historie und Postmoderne völlig neu interpretiert.

Wo einst die Züge des legendären Orient-Express einfuhren, drehen sich heute die Derwische. Auffallend sind die glockenförmigen weißen Röcke der Tänzer, die sich mit Drehbewegungen in Ekstase bringen, um Gott näher kommen zu können. Ihre rechte Hand halten sie nach oben, um den Segen Gottes zu empfangen; die nach unten zeigende linke Hand verteilt den Segen in der Welt.

Bahnhof Sirkeci

Das Schild »Whirling Derwishes – men and women together« verrät, dass in dem prächtigen Bahnhof Sirkeci regelmäßig Vorführungen der Tanzenden Derwische stattfinden. Wer hätte das gedacht? Hier, an diesem historischen Ort, den Sultan Abdülhamid II. 1890 nahe am Zusammenfluss von Goldenem Horn und Bosporus errichten ließ, um einen stilvollen Rahmen für die mit dem Orient-Express anreisenden Diplomaten und Spione, Abenteurer, Hochstapler und Könige zu schaffen? Längst sind diese glorreichen Tage vorbei, befindet sich der heutige Haupteingang des Bahnhofs in einem modernen, schmucklosen Anbau, fährt statt der Eisenbahnlegende die Türkische Staatsbahn (TCDD). Doch unter der hohen Decke des vom Berliner Architekten August Jachmund in einer Mischung aus Jugendstil und »orientalisierenden« Elementen gestalteten alten Bahnhofs tanzen nun Derwische. Immerhin.

Wuchtige Säulen tragen die rund 37 Meter hohe (Durchmesser: 18 Meter) Hauptkuppel der Moschee, die Sinan hier erstmals mit vier (statt zwei) niedrigeren Halbkugeln kombinierte, zu denen jeweils noch einmal zwei kleinere Halbschalen gehören. Das steinerne Memento für den Prinzen zieren eine Kaskade von Kuppeldächern zwei schlanke, kannelierte Minarette (alle Bilder).

Şehzade-Moschee (Prinzenmoschee)

Wohl in Erinnerung an seinen 1543 im Alter von 22 Jahren an einer Pockeninfektion verstorbenen Sohn Mehmet ließ Sultan Süleyman II. die »Prinzenmoschee« errichten. Für den von ihm beauftragten Sinan, der sich bis dahin erst im Brücken- und Festungsbau hervorgetan, aber noch keine Erfahrung mit großen Sakralbauten hatte, bedeutete dies nach seinen eigenen Worten sein »Lehrlingsstück« – und doch zeigt es schon die ganze Meisterschaft dieses Ausnahmearchitekten. Auch bei dieser in den Jahren 1545 bis 1548 auf quadratischem Grundriss errichteten Moschee ließ sich Sinan vom Aufbau einer byzantinischen Kreuzkuppelkirche inspirieren. Kunstwerke für sich sind die Mausoleen Prinz Mehmets und der Großwesire Ibrahim Paşa und Rüstem Paşa im Rücken der Moschee. Am schönsten ist zweifellos die Türbe des Prinzen Mehmet, des früh verstorbenen Lieblingssohns.

Moderne trifft auf Antike: Auf dem zweigeschossigen Aquädukt, dessen übereinander gesetzte Bögen zwischen 18 und 26 Meter hoch sind, wurde das Wasser in zwei Kanälen mit einem Gefälle von 1:1000 weitergeleitet. Heute führt der Ataturk Bulvarı, ein zehnspuriger Prachtboulevard, den Verkehr mitten durch die antiken Torbögen hindurch (großes Bild) – ein Dahinfließen der anderen Art.

Valens-Aquädukt

Rund 1500 Jahre lang, bis in das späte 19. Jahrhundert hinein, wurde die Stadt über diesen ursprünglich fast 1000 Meter langen Aquädukt mit Wasser versorgt. Dieses kam aus den Quellen im rund 30 Kilometer nördlich, den Bosporus aufwärts gelegenen Belgrader Wald und wurde in eine riesige Zisterne am heutigen Bayzıt-Platz als zentralem Verteiler geleitet. Schon Konstantin der Große hatte sich mit der Wasserversorgung seiner neuen Hauptstadt beschäftigt, Flavius Valens (328–378, römischer Kaiser ab 364) vollendete dann ein ausgeklügeltes System unterirdischer Leitungen, Tunnel, Kanäle und Zisternen. Der nach dem Kaiser benannte, um das Jahr 375 errichtete Aquädukt überspannt als Teil dieses Systems das Tal zwischen dem dritten und vierten Altstadthügel. Später mehrfach renoviert, blieben bis heute mehr als zwei Drittel des aus grob gehauenen Quadern gefertigten Baus erhalten.

Mit dem Bau seiner Moschee beauftragte Mehmet II. Fatih den nicht mit seinem berühmten Namensvetter zu verwechselnden Architekten Atik Sinan. Nach dem verheerenden Erdbeben 1766 ließ Sultan Mustafa III. (reg. 1757–1774) den Komplex erneuern. Der heutige barocke Zentralbau mit Kaskadenkuppeln und lichtdurchflutetem Inneren gilt als ein Meisterwerk von Mehmet Tahir Ağa.

Fatih-Moschee (Eroberermoschee)

Auf dem vierten Stadthügel Istanbuls stand einst die bereits im 4. Jahrhundert zur Zeit Konstantins des Großen geweihte, im 6. Jahrhundert unter Kaiser Justinian I. erneuerte Apostelkirche – nach der Hagia Sophia die zweitwichtigste Kirche der Stadt und des Osmanischen Reichs sowie bis ins 11. Jahrhundert die Grablege der byzantinischen Kaiser. Von dieser Kirche, deren Bau vermutlich als Vorbild für die berühmte Basilica di San Marco in Venedig diente, ist nichts geblieben: Die wertvollen Reliquien des Apostels Andreas und der Apostelschüler Lukas und Timotheus wurden bei der Plünderung Konstantinopels 1204 geraubt und nach Venedig gebracht; die Kirche selbst ließ Mehmet II. 1461 abreißen, um dann in den Jahren 1463 bis 1470 bewusst genau an dieser Stelle die erste Sultansmoschee der Stadt errichten zu lassen, die nach seinem Beinamen »Fatih« (»Eroberer«) genannt wurde.

Bartholomäus I. (rechts unten) wurde am 29. Februar 1940 auf der Ägäisinsel Gökçeada (griechisch: Imbros) geboren. Seit 1991 ist er als Ökumenischer Patriarch der 270. Nachfolger des Apostels Andreas (hier in der Patriarchalkirche St. Georg, alle Bilder). Er fördert den innerreligiösen Dialog und setzt sich als »Grüner Patriarch« für ökologische Belange Istanbuls ein.

Wie sich der Bischof von Rom in der Nachfolge des Apostels Petrus versteht, so versteht sich der Bischof von Konstantinopel in der Nachfolge des Apostel Andreas: »Kommt her, folgt mir nach! Ich werde euch zu Menschenfischern machen«, sagte Jesus zu den Brüdern Simon (dem er den Beinamen »Kephas« oder »Petrus« gab) und Andreas, heißt es im Markus- wie im Matthäusevangelium. Nach dem Johannesevangelium ist Andreas der Erstberufene, denn er ist es, der seinen Bruder Simon zu Jesus führt.

Auch daran erinnerte Papst Benedikt XVI. im November 2006 bei seiner Ansprache in der Patriarchalkirche St. Georg in Istanbul, dem Hauptsitz des Patriarchen von Konstantinopel. Dieser versteht sich als geistiges Oberhaupt der von Rom getrennten Ostkirche, der weltweit rund 3,5 Millionen orthodoxe Christen angehören. Eine Diaspora von nur noch einigen Tausend Griechen befindet sich in der modernen Türkei (vornehmlich in Istanbul), wo sie vielfach mit Repressalien konfrontiert wird. So darf sich der Ökumenische Patriarch in der Türkei offiziell weder »ökumenisch« nennen noch die Bezeichnung »Konstantinopel« in seinem Namen führen. Die bedeutendsten, dem Patriarchat zugehörige Diözesen finden sich heute in Griechenland, vor allem im östlichen Landesteil um Thessaloniki, auf Kreta und der Inselgruppe Dodekanes.

Während die ehemalige Klosterkirche noch immer als Moschee dient, wurde die im Jahr 1315 gestiftete Grabkapelle, das Parekklesion, zum Museum umgebaut (Südseite). Zu besichtigen ist hier ein Kleinod byzantinischer Architektur in Gestalt einer kleinen Kreuzkuppelkirche mit vorgelagertem Narthex (Vorhalle frühchristlicher und byzantinischer Kirchen) und herrlichem Mosaikschmuck.

Fethiye-Moschee (Pammakaristos-Klosterkirche)

Wenige Gehminuten westlich der Patriarchalkirche St. Georg findet man am Nordhang des fünften Stadthügels, im Zentrum der einstmals vornehmlich von Phanarioten (wohlhabenden und einflussreichen Istanbuler Griechen) bewohnten Siedlung Phanar (auch: Fener) die ehemalige Klosterkirche Pammakaristos. Nach der osmanischen Eroberung der Stadt (1453) konnte sich die Theotokos Pammakaristos, der »allerseligsten Gottesgebärerin«, geweihte Klosterkirche noch knapp 140 Jahre lang ihre christliche Identität bewahren, 1455 bis 1591 diente sie sogar wie heute St. Georg als Sitz des orthodoxen Patriarchen. Erst danach, eben 1591, wurde die Kirche von Murat III. (1546–1595) in eine Moschee umgewandelt. Dieser wollte damit seine Dankbarkeit über soeben von ihm errungene Siege zeigen, weshalb die Moschee auch den Namen Fethiye Camii (»Eroberungsmoschee«) erhielt.

Der unweit der Theodosianischen Landmauer zu besichtigende Bau wurde gegen Ende des 11. Jahrhunderts errichtet und in den folgenden Jahrhunderten immer wieder verändert (oben links). Die grandiosen Mosaiken stammen aus dem frühen 14. Jahrhundert (großes und kleines Bild rechts). Ebenso imposant sind die wohl von denselben unbekannten Meistern geschaffenen Fresken (großes Bild).

Chora-Kirche

Jahrhundertelang breitete sich die Altstadt immer weiter nach Westen aus. In den dort neu entstandenen Stadtteilen siedelten sich zwei größere ethnische Gruppen an – neben Griechen in Phanar (Fener) Juden in Balat. Um die Grenzen der sich beständig erweiternden Stadt zu schützen, wurden sukzessive Stadtmauern gebaut. Das zeigt auch das Beispiel der Chora-Kirche: Errichtet wurde diese in den Jahren 527 bis 575 außerhalb der ursprünglich noch unter Kaiser Konstantin errichteten Stadtmauern, auf der Anhöhe des sechsten Stadthügels. Zunächst befand sie sich also auf dem freien »Land« (griechisch: »Chora«), was auch die Namensgebung erklärt. Später wurde sie von der neuen Mauer umschlossen, die Kaiser Theodosius erbauen ließ. Wie die meisten byzantinischen Gotteshäuser hat man auch sie später, 1511, zur Moschee umfunktioniert. Nach 1948 restauriert, ist sie heute ein Museum.

Mit ihren elf Toren, dem 20 Meter breiten Graben und den 192 rund 20 Meter hohen Türmen galt die fast sieben Kilometer lange, aus roten Ziegeln und behauenen Kalksteinblöcken gefertigte Doppelmauer zwischen Marmararmeer und Goldenem Horn als unüberwindlich (großes Bild; oben mit der Ruine des Tefkur-Palastes). Mehmet II. Fatih ließ sie gleich nach der Eroberung wieder instand setzen.

Theodosianische Landmauer

Mehr als tausend Jahre lang war die unter Kaiser Theodosius II. (401–450) errichtete und auch nach ihm benannte Landmauer ein Bollwerk des christlichen Abendlandes. Notwendig geworden war sie zum einen durch das starke Wachstum der prosperierenden Stadt – die westliche Verschiebung der Grenze ergab mehr als eine Verdoppelung des bebaubaren Stadtgebietes – und zum anderen durch die Völkerwanderung, als deren Folge Konstantinopel massiv von Goten und Hunnen bedroht wurde. Um sich nicht nur landseitig zu schützen, ordnete Theodosius II. im Jahr 439 auch noch den Bau (nicht erhalten gebliebener) Seemauern am Goldenen Horn und am Marmarameer an, sodass die Stadt nun von einem geschlossenen Festungsring geschützt wurde. Dieser widerstand in den folgenden Jahrhunderten sogar Erdbeben – nicht aber dem Eroberer Mehmet II. Fatih, der im Jahr 1453 Konstantinopel einnahm.

Eyüps Grabmal (großes Bild, rechts), vor dem muslimische Pilger zu Allah beten, wurde in den Vorhof der ursprünglich ab 1458 errichteten Moschee integriert. Traditionell umgürtete man vor dem Grabmal die Osmanischen Prinzen mit dem Schwert des Dynastiebegründers Osman, ehe es zur eigentlichen Inthronisierung in den Topkapı-Palast ging. Der Gebetsraum erstrahlt im Licht (großes Bild und oben).

Eyüp-Sultan-Moschee

Als Abu Ayub (türkisch: »Eyüp«) al-Ansari während der ersten, unter seinem Oberbefehl stehenden arabischen Belagerung Konstantinopels (674–678) fiel, war er bereits ein hoch betagter Mann und hatte – als Gefährte und Bannerträger des Propheten Mohammed – ein bewegtes Leben hinter sich. In einer anonym verfassten Chronik heißt es: »Da er wusste, dass er sterben würde, traf er die Verfügung: ›Entblößt eure Schwerter und greift die Festung an. Wo ihr auch hingehen könnt, da begrabt mich während des Kampfes und macht mein Grab unkenntlich.‹« So geschah es auch, doch nach dem Rückzug der Muslime blieb das Grab nicht lange unentdeckt und entwickelte sich bald zu einem Wallfahrtsort, der bis heute muslimische Pilger aus aller Welt anzieht. Nachdem Mehmet II. Fatih 1453 Konstantinopel erobert hatte, ließ er Eyüp ein würdiges Grabmal und eine Moschee errichten.

2007 eröffnet, entstand auf dem rund 118 000 Quadratmeter großen Areal eine internationale Plattform für Kunst, Kultur und Wissenschaft – ein Kreativquartier mit viel Raum für Ausstellungen, Veranstaltungen und Workshops sowie einem Energie- und einem Designmuseum. Manche sprechen vom Kunstmekka des europäischen Ostens und ziehen den Vergleich zur Tate Gallery.

Kunst-und Kulturzentrum Santralistanbul

»Tate alla turca« titelten die Medien, als 2006, anlässlich der Ernennung Istanbuls zur Kulturhauptstadt Europas im Jahr 2010, ein auf Initiative der 1994 gegründeten Bilgi-Universität entwickeltes, weitgehend von privaten Investoren getragenes neues Mammutprojekt der internationalen Kunstszene vorgestellt wurde. Den stimmungsvollen Rahmen dafür bildet wie beim Londoner Vorbild eine imposante Industrieruine – das erste Elektrizitätswerk des Osmanischen Reichs, das 1910 in einem Industrieviertel am Goldenen Horn errichtet wurde und die Stadt ab 1911 über 70 Jahre lang, bis zur Stilllegung des Werks 1983, mit Strom versorgte. Der Name ist gleich auf zweierlei Weise Programm: »Santral« bedeutet im Türkischen sowohl »Zentrale« als auch »Kraftwerk«, und beides will Santralistanbul sein – Mittelpunkt der neuen türkischen Kunstszene und kraftvoller Inspirator zugleich.

Blick von der Galatabrücke auf die sich nördlich des Bosporus erstreckende Neustadt: Als Relikt lange vergangener Tage grüßt der Galataturm von Karaköy über der von vielen Boutiquen, Klubs, Restaurants und Galerien geprägten Szenerie. Der Galataturm, einst Wachturm im 16. Jahrhundert, dann Feuerwache bis in die 1960er-Jahre, ist heute Schauplatz für viele Filme und Treffpunkt vieler türkischer Stars.

JENSEITS DES GOLDENEN HORNS: NEUSTADT, EUROPÄISCHES BOSPORUSUFER

Schon unter dem oströmischen Kaiser Theodosius II. (401–450) wurde das strategisch wichtige Gebiet nördlich des Goldenen Horns der Hauptstadt angegliedert. Später ließen sich hier genuesische Kaufleute nieder, heute schlägt in dem – seinerseits in kleinere Machallas (»Nachbarschaften«) wie Karaköy (Galata), Tophane, Taksim gegliederten – Stadtteil Beyoğlu das moderne Herz der Stadt. In den sich nordöstlich anschließenden Stadtteilen Şişli und Beşiktas wachsen Finanzdistrikte in die Höhe. Ruhiger ist es bosporusaufwärts bei Sarıyer.

In den letzten Jahren wurde das Tophane-Viertel vor allem bei der jüngeren Bevölkerung Istanbuls immer beliebter. Das liegt zum einen an der boomenden Kunstszene und zum anderen an den vielen Cafés und Restaurants, vor denen man gemütlich eine Wasserpfeife rauchen kann (großes Bild und oben links). Hektischer geht es da schon am Fischmarkt in Karaköy (ganz rechts).

Karaköy (Galata), Tophane

Das Hafenviertel zwischen Goldenem Horn und Galataturm nennt man heute »Karaköy«, »schwarzes Dorf« – nach den vom Rauch alter Fährdampfer schwarz gefärbten Häuserfassaden. Die ebenfalls noch gebräuchliche Bezeichnung »Galata« verweist auf eine frühe Besiedlung durch Kelten (Gallier). Vor allem im Gebiet rund um die Galatabrücke am Nordufer des Goldenen Horns herrscht stets reger Betrieb, laufen unweit der Fähranleger Metro-, Straßenbahn- und Buslinien zusammen. Westlich der Brücke, auf dem beengten Platz zwischen Kai, Werkstätten und Lagerhäusern, findet frühmorgens ein Fischmarkt statt. Östlich davon liegt der Kreuzfahrtterminal, starten Boote hinaus in den Bosporus und aufs Meer. Weiter nordöstlich schließt sich das nach einer ehemaligen Geschützgießerei (türkisch: »Tophane«) benannte Tophane-Viertel an, das seit einigen Jahren eine Art Revival erlebt.

19 Synagogen (großes Bild, links: Italian-Synagoge in Galata; oben: Maallem-Synagoge in Hasköy) gibt es in der Stadt. Großes Bild rechts: Chefrabbiner Ishak Haleva bei einer Ansprache in der nahe dem Galaturm gelegenen Neve-Shalom-Synagoge – dem größten jüdischen Gotteshaus der Türkei, das schon dreimal, 1986, 1992 und 2003, zum Ziel terroristischer Anschläge wurde.

JÜDISCHES LEBEN UNTER DEM HALBMOND

»Hier kann jeder unter seinem Feigenbaume und seinem Weinstocke ruhig leben«, schrieb der Rabbiner Isaak Zarfati im Jahr 1470 aus dem Osmanischen Reich an die jüdischen Gemeinden in Mitteleuropa: Zwar lässt sich die Geschichte des Judentums in der Türkei bis in das 3. vorchristliche Jahrhundert zurückverfolgen, aber die meisten der heute im Land lebenden Juden sind Sepharden, die letztlich Zarfatis lockendem Aufruf folgten – Nachkommen der im 15. Jahrhundert als Folge der Reconquista von der Iberischen Halbinsel vertriebenen Juden. Rund 26 000 Juden leben heute nach Angaben der Jüdischen Gemeinde in der Türkei – mehr als in jedem anderen muslimischen Land. Die meisten davon, etwa 20 000, haben ihr Zuhause in Istanbul, deren Jüdische Gemeinde einmal zu den größten der Welt zählte. Im türkischen Alltag ist die Jüdische Gemeinde aber kaum noch sichtbar; nur selten hört man das alte Ladino – die traditionelle romanische Sprache der sephardischen Juden, die sich zum Spanischen in etwa so verhält wie das Jiddische zum Deutschen. Dokumentiert werden 700 Jahre türkisch-jüdische Geschichte im ersten Jüdischen Museum der Türkei, das 2001 in einer früheren Synagoge in Karaköy eröffnet wurde. Die Sammlung umfasst Gegenstände, Gemälde und Fotografien, die das tägliche Leben der Juden in der Türkei darstellen.

Möglich wurde das Museum vor allem durch die Privatinitiative der Familie Eczacıbaşı, der das größte türkische Pharmaunternehmen gehört. Deren Privatsammlung bildet auch den Grundstock der Dauerausstellung mit Werken aller wichtigen türkischen Künstler der letzten 150 Jahre. Großes Bild: »374 Farben«, Öl auf Leinwand, von Ekrem Yalcindag, der in Frankfurt lebt und arbeitet.

Museum Istanbul Modern

Istanbuls Kunstszene boomt. Wer sich einen guten Überblick über die aktuellen Entwicklungen verschaffen will, der findet dafür in einem direkt am Bosporus, nicht weit von den Anlegekais der großen Kreuzfahrtschiffe im Hafen von Karaköy gelegenen ehemaligen Lagerhaus aus dem 19. Jahrhundert genau die richtige Adresse: Im Dezember 2004 wurde hier mit dem Museum Istanbul Modern das erste türkische Museum für zeitgenössische Kunst eröffnet. Der Schwerpunkt der auf 8000 Quadratmetern verteilten Ausstellungsfläche liegt auf moderner türkischer Malerei und Skulptur – für sie ist die (nicht chronologisch, sondern nach Themenkomplexen geordnete) Dauerausstellung im ersten Stock reserviert. Im Erdgeschoss werden Wechselausstellungen regionaler wie internationaler Künstler gezeigt. Hinzu kommen Fotografie und Neue Medien (Video, Digital) sowie ein Kino.

»Denn wovon lebt der Mensch?« fragte mit Brechts »Dreigroschenoper« die 11. Biennale Istanbul 2009 (alle Abbildungen). Wovon die Kunst lebt, beantwortete der Ausstellungskatalog mit einer Liste der Sponsoren. Kritiker monierten den »exklusiven« Charakter politischer Kunst auf der zwar von einer privaten Stiftung veranstalteten, aber von der türkischen Regierung mitfinanzierten Biennale.

STERNSCHNUPPEN DER KUNST: BIENNALE ISTANBUL

»Wie Sternschnuppen« würden die Biennalen über dem Planeten niedergehen, schrieb die »taz« im Dezember 2010. Mehr als 200 gebe es inzwischen weltweit, und das größte Problem »der beliebten Überraschungstüten« sei: »Sie glänzen so schön, sind aber, ach, so schnell verglüht.« Gelegenheit zur Rückschau gab die Konferenz »Remembering Istanbul« als Auftakt zur 12. Biennale 2011: Rund 25 Jahre ist es nun schon her, seit 1987 die erste Biennale Istanbul stattfand. »Contemporary Art in Traditional Spaces« lautete damals das Motto, das im Grunde bis heute den Grundtenor der alle zwei Jahre stattfindenden internationalen Kunstschau bestimmt. Denn in der Auseinandersetzung mit den (wechselnden) »Räumen«, vom alten Zolllager über die Zisterne bis zur Hagia Sophia, welche die globale (und globalisierte) Kunstwelt hier »bespielt«, zeigt sich jeweils, wie sehr Istanbul nach wie vor von kulturellen, religiösen, ethnischen und sozialen Gegensätzen geprägt wird. Die Kunst spiegelt das wider, was Istanbul ausmacht – eine Stadt zwischen Christentum und Islam, Modernisierungswille und Fortbestand archaischer Strukturen, Globalisierungseffekten und lokal verankerten Lebensformen. Es zeigt sich aber auch, dass man hier durchaus bereit ist, sich diesen Gegensätzen zu stellen – mit alle zwei Jahre aufleuchtenden Sternschnuppen.

Als Kılıç Ali Paşa die nach ihm benannte Moschee (oben) errichten ließ, befand sich ihr Standort noch direkt am Wasser des Bosporus. Von der Nusretiye-Moschee (große Bilder) blickt man nicht zufällig zur Selmiye-Kaserne am gegenüberliegenden Ufer des Bosporus hinüber: Dort hatte der als Reformsultan geltende Herrscher seine Truppen stationiert.

Kiliç-Ali-Paşa-Moschee, Nusretiye-Moschee

Gleich zwei sehenswerte Moscheen findet man unweit des Kreuzfahrtterminals im Hafen von Karatöy am Eingang des Bosporus: Die von dem Großadmiral (1519 bis 1587) Kılıç Ali Paşa im Jahr 1580 gestiftete Moschee gehört zu den interessantesten Spätwerken des Baumeisters Sinan, der sich hier einmal mehr, was den Grundriss und den Gewölbeaufbau angeht, an der Hagia Sophia orientierte. Den etwas düsteren Innenraum schmücken schöne Iznik-Fayencen. Nur wenige Hundert Meter weiter nordöstlich erheben sich die beiden eleganten Minarette der Nusretiye-Moschee. In den Jahren 1823 bis 1826 im Auftrag des Sultans Mahmut II. (1785–1839) vom armenischen Architekten Krikor Amira Balyan (1764–1831) errichtet, wollte der Sultan damit ein steinernes Memento seines Sieges über die aufständischen Janitscharen errichten – so erklärt sich auch der Name (»Siegesmoschee«).

Der früher auch »Christusturm« genannte Galataturm ist der einzige erhalten gebliebene von insgesamt 24 Wachtürmen, die die Genueser einst zum Schutz ihrer Handelsniederlassung am Goldenen Horn errichteten. Der wehrhafte Bau überstand auch die Zerstörung der übrigen Genueser Festungsmauern Mitte des 19. Jahrhunderts und diente noch lange als Feuerwache, bis er schließlich für den Tourismus als Aussichtsturm freigeben wurde. Heute dient er oft als Filmkulisse, und der quirlige Platz rund um den Turm mit seinen vielen Lokalen hat Szenecharakter.

Galataturm

Wo sich der markante Galataturm erhebt, soll bereits im 5./6. Jahrhundert ein Vorläuferbau gestanden haben. Der heutige Turm, ein mächtiger Rundbau mit konischem Blechdach, ragt seit dem Jahr 1348 über das Häusermeer der Neustadt, deren Wahrzeichen er ist. Damals markierte er den höchsten Punkt der Verteidigungsmauer, die die Genueser um ihre Handelsniederlassung Galata gezogen hatten. Ursprünglich als Wachturm errichtet, diente das im Lauf der Jahrhunderte mehrfach durch Brände, Stürme und Erdbeben beschädigte, danach aber immer wieder restaurierte Gebäude auch als Janitscharen-Posten, Gefängnis, Observatorium und – bis in die 1960er-Jahre hinein – als Feuerwache. Heute werden die beiden Obergeschosse gastronomisch genutzt. Vom Panoramabalkon aus hat man einen faszinierenden Rundumblick auf das umliegende Beyoğlu, den Bosporus und das Goldene Horn.

Unterwegs ins Nachtleben von Istanbul: In Beyoğlu finden Männer wie Frauen, Heteros wie Gays immer einen geeigneten Ort, um sich zu amüsieren. Einen Eindruck von der Musikmetropole am Bosporus vermittelt Fatih Akins Filmdokumentation »Crossing the Bridge«; vor Ort informieren sich Nightclubber und Szenegänger am besten im Cityguide »TimeOut Istanbul«.

JUNG UND TOLERANT: NIGHTLIFE IN ISTANBUL

Nicht nur New York – auch Istanbul ist eine Stadt, die niemals schläft; zumindest nicht im trendigsten und modernsten Teil der Stadt, auch »Downtown Istanbul« genannt, den alle Szenegänger ganz oben auf ihrer Agenda stehen haben: Beyoğlu. Groß ist die Auswahl an Bars, Diskotheken und Nachtclubs etwa in den kleinen Gassen rund um die Einkaufsmeile Istiklal Caddesi oder rund um den Taksim-Platz: Hier zeigt sich Istanbul – zeigt sich die Türkei – von ihrer westlichen, aufgeschlossenen Seite. Und wem die Clubs zu teuer sind, der kann auch in einer billigen Kneipe oder in einer einfachen Musikbar Raki trinken, tanzen und sich amüsieren. Eine Institution für Liveauftritte etwa ist das »Babylon« (Sehbender Sokak 3): Ob Hiphop, (türkischer) Pop oder (amerikanischer) Jazz – hier findet jeder etwas für seinen Geschmack (und trinkt dazu Bier aus der Flasche).

Lang sind die Nächte auch im Tanz- und Performanceclub Roxy (Aslan Yatağı Sokak 5; wer zuvor in der YAN-Gastrobar speist, der kommt durch einen Nebeneingang umsonst und ohne Türsteher in den Club). Wem der Sinn mehr nach Film (meist mit Untertiteln) steht, der findet in der Istiklal Caddesi auch schöne alte Kinopaläste wie das Atlas. Im asiatischen Stadtteil Kadiköy lädt der Filmpalast »Süreyya« in der Bahariye Caddesi 29 zum Kinoabend ein.

Untergebracht ist das Museum in einem unweit der Tünel-Bergstation gelegenen Gebäude, wo 1492 das erste Derwischkloster Istanbuls gegründet wurde. Das in der zweiten Hälfte des 18. Jahrhunderts abgebrannte Gebäude wurde gleich wieder aufgebaut. In der achteckigen Halle der tanzenden Derwische zeigen authentische Sufis ihren zeremoniellen Drehtanz (türkisch: »Sema«).

Museum Galata Mevlevihanesi

Für die Islamwissenschaftlerin Annemarie Schimmel war es die Mystik, die dem Islam – dessen inneres Leben im »feinen Netz dogmatischer Unterscheidungen ..., in den von Jahr zu Jahr zunehmenden äußerlichen gesetzlichen Vorschriften« zu ersticken drohte – eine besondere Prägung verlieh. Ein Ausdruck mystischer Sehnsucht ist der Sufismus, dessen frühe Anhänger ähnlich den christlichen Asketen im Nahen Osten dunkle Büßergewänder aus Wolle (arab. »suf«) trugen. Schon im 12. Jahrhundert entstanden die ersten Derwischorden (persisch »darwiš« = Bettler) – religiöse Bruderschaften, die ihr Leben dem Sufismus weihten. Das Museum Galata Mevlevihanesi erinnert an Djalal od-Din Rumi (1207–1273), den fast ein halbes Jahrhundert im türkischen Konya lehrenden bedeutendsten Dichter der persisch-islamischen Mystik und Gründer des Mevlevi-Derwisch-Ordens.

Bimmelnd bahnt sich eine nostalgische Straßenbahn ihren Weg durch die ansonsten als Fußgängerzone ausgewiesene Istiklal Caddesi mit ihren vielen Imbissständen und Cafés (große Bilder). Eine Fahrt mit der Tünel-Bahn, deren Waggons 2007 ein neues Design bekamen (rechts) dauert eine Minute und 20 Sekunden. Benannt ist die Bahn nach dem »Mikro-Stadtviertel« Tünel in Beyoğlu.

Tünel, Istiklal Caddesi

Die von der Talstation Karaköy am Ufer des Goldenen Horns durch einen Tunnel hinauf bis zur Bergstation Tünel auf dem Galatahügel fahrende Bahn ist nur insofern eine »U-Bahn«, als sie unterirdisch verläuft. Tatsächlich handelt es sich um eine in den Jahren 1871 bis 1874 von dem Franzosen Henri Gavand errichtete Standseilbahn, die ihre Jungfernfahrt am 17. Januar 1875 hatte, Mitte des 20. Jahrhunderts auf Elektrobetrieb umgestellt wurde und heute im Jahresdurchschnitt 5,4 Millionen Fahrgäste befördert. An der Tünel-Bergstation beginnt die »Straße der Unabhängigkeit« (Istiklal Caddesi), eine der bekanntesten Flanier- und Shoppingmeilen im Stadtteil Beyoğlu. Je weiter man die Straße entlang schlendert, desto mehr nähert man sich dem Fokus des Nachtlebens, treffen Bars, Clubs und Restaurants aufeinander. Hier gibt es keine Sperrzeit – die Nacht wird zum Tag gemacht.

Schwarz wie die Hölle und süß wie die Liebe soll er sein, der türkische Kaffee, aus dessen Satz man die Zukunft lesen kann: Dazu legt man den Unterteller auf die Tasse, dreht alles kopfüber und wieder zurück – jetzt braucht man nur noch etwas Fantasie. Doch ob Kaffee oder Tee: Am schönsten ist es, wenn man dafür – und vielleicht auch für eine Wasserpfeife (rechts) – genügend Zeit hat.

STARK UND DUNKEL: TÜRKISCHER KAFFEE UND TEE

Zwei Kaufleute waren es, Hakim von Aleppo und Schems von Damaskus, die im Jahr 1554 das erste Kaffeehaus der Stadt eröffneten: mit einem Brunnen in der Mitte und Sofas an den Wänden. Hier trafen sich die Männer, um Backgammon zu spielen, zu plaudern oder dem Meddah zuzuhören, dem Geschichtenerzähler. Um die Mitte des 19. Jahrhunderts waren solche Kaffeehäuser dann bei Künstlern und Intellektuellen als Treffpunkt sehr beliebt. Für die Zubereitung des traditionellen Türkischen Kaffees wird feinst gemahlenes Kaffeepulver mit etwas (»az sekerli«) oder deutlich mehr (»sekerli«) Zucker in einem langstieligen, leicht konischen Kupferkännchen aufgekocht. Anschließend serviert man ihn ungefiltert in kleinen Tassen, für die man keine Löffel braucht, denn der Kaffeesatz sollte am Tassenboden bleiben.

Das eigentliche türkische Nationalgetränk ist aber nicht der Kaffee, sondern der Tee. Traditionell zubereitet wird dieser nach dem russischen Samowar-Prinzip in zwei gut aufeinander passenden Kannen, die im Türkischen »Semaver« heißen. Die tulpenförmigen Gläser, in denen der Tee auf Silbertabletts schließlich serviert wird, halten das wohlschmeckende, bernsteinfarbene Getränk lange heiß. Die Teezeremonie lässt Spielraum für Kommunikation und steht unter dem Zeichen der Gastfreundschaft.

»Sie lassen sich in den Wein- und Bierhäusern nieder oder in Kneipen schlimmster Gattung, wo es sehr heiter, aber auch sehr lärmend zugeht«, schrieb der französische Autor Pierre Loti, dessen erster, 1876 veröffentlichter Roman »Aziyadé« in Istanbul spielt – und daran hat sich bis heute auch nichts geändert. Große Bilder unten: Nevizade Sokak; kleines Bild rechts: Çiçek-Passage.

Nevizade Sokak, Çiçek-Passage

An der Nevizade Sokak, einer parallel zur Istiklal Caddesi verlaufenden Ausgehmeile, scheiden sich die Geister: Wer es laut und lebendig mag, der wird das hektische Treiben rund um die dicht an dicht stehenden Tische, zwischen denen sich fliegende Händler und Straßenmusiker drängen, lieben. Andere meiden den Ort auch wegen der vielfach überteuerten Preise als Touristenfalle. Ähnlich turbulent ist das Treiben in der Çiçek-Passage: Große Blumenampeln, dicht bepflanzt mit bunten Geranien, langen Petunien und Efeu, die von schmucken Glasdächern herabhängen, versinnbildlichen zwar noch den Namen (»Blumenpassage«); zwischen all den Kneipen und Restaurants erinnert aber kaum noch etwas an die Zeit, als dies eine der vornehmsten Adressen des kaiserlichen Istanbuls war. Lohnenswerter ist vielleicht der Besuch des nahen Balık Pazarı, eines bunten, quirligen Fisch- und Gemüsemarktes.

Bis in das 20. Jahrhundert hinein nannte man den heutigen Stadtteil Beyoğlu noch »Pera« (griechisch: »gegenüber«), da er von der Altstadt aus gesehen auf der gegenüberliegenden Seite des Goldenen Horns liegt. Das »Pera Palace« wurde nach aufwendiger Renovierung im September 2010 wiedereröffnet und läuft heute unter einer neuen Luxuskategorie als »Museumshotel«.

VOM MYTHOS ZUM »MUSEUMSHOTEL«: »PERA PALACE«

Als das »Pera Palace« im Jahr 1892 eröffnet wurde, war es das beste Haus der Stadt – ausgestattet mit allem Komfort und aller Raffinesse, die man sich vorstellen konnte. Als erstes Gebäude Istanbuls hatte es elektrisches Licht, fließendes Warmwasser und einen Personenaufzug. Es prunkte mit Marmor aus Carrara, handgeknüpften Teppichen und Seidengardinen. Auftraggeber waren die Betreiber des Orient-Express, die ihre so illustren wie zahlungskräftigen Gäste in feudal ausgestatteten Erster-Klasse-Schlafwagen von Paris nach Istanbul transportierten, wo es zuvor noch keine vergleichbare Luxusherberge gab. Jene illustren Gäste waren es auch, die den Mythos des Hotels begründeten: von Josephine Baker, Sarah Bernhardt, Marlene Dietrich und Mata Hari zu Alfred Hitchcock und Jacqueline Kennedy, um wenigstens ein paar Namen zu nennen. Oder Greta Garbo: Sie weilte im Jahr 1924 für 21 Tage im Hotel – in welchem Raum genau, weiß niemand, weshalb man der Einfachheit halber gleich alle Zimmer in der Nordostecke nach ihr benannte. Agatha Christie soll in Zimmer 411 Teile ihres »Mord im Orient-Express« geschrieben haben: in fürstlichem Ambiente, versteht sich. Das historische Hotel garantiert heute mit modernsten Technologien und Serviceleistungen den Komfort eines Luxushotels – nostalgisches Urlauberlebnis inbegriffen!

Die (Kunst-)Welt zu Gast in Istanbul: In den unteren Etagen des Museums (großes Bild links: Eingangsbereich) werden neben Gemälden zum Alltag des Osmanischen Reichs (großes Bild rechts) auch kulturhistorische Exponate gezeigt, die oberen Stockwerke hingegen sind Wechselausstellungen vorbehalten (kleines Bild rechts: der Kolumbianer Fernando Botero vor seinen Bildern).

Pera Museum

Nicht jedem Hotel gelingt es, zuerst zum Mythos und dann zur Legende aufzusteigen wie dem (nicht mit dem Pera Museum zu verwechselnden) »Pera Palace«. Manche verschwinden auch einfach: wie das Hotel »Bristol«, das 1893 nach Plänen des griechischen Architekten Achille Manoussos in der westlich parallel zur Einkaufsmeile Istiklal Caddesi verlaufenden Meşrutiyet Caddesi errichtet, 2002 von Mitgliedern der türkischen Industriellenfamilie Koç durch die Suna-Inan-Kiraç-Stiftung erworben und bis 2005 so restauriert wurde, dass im Juni desselben Jahres zwar nicht mehr das alte Hotel, dafür aber ein neues Museum eröffnet werden konnte. Schwerpunkt der vor allem von Suna und Inan Kiraç zusammengetragenen Sammlung sind mehr als 300 Gemälde türkischer und europäischer Maler, darunter der 3,5 Millionen US-Dollar teure »Schildkrötenerzieher« von Osman Hamdi Bey.

La Dolce Vita in Istanbul: So verführerisch wie die Auslagen eines Honigladens in der Istiklal Caddesi (kleine Bilder oben) ist das Angebot der süßen Speisen (restliche Bilder). Dem Erfindungsreichtum sind dabei kaum Grenzen gesetzt. So werden etwa aufgefädelte gehackte Mandeln oder Pistazien mehrfach durch eingedickten heißen Traubensaft gezogen – und fertig ist die »Süße Wurst«.

SÜSSES ISTANBUL

Schleckermäuler müssen in Istanbul nicht erst auf das Dessert nach dem Essen warten – überall in der Stadt begegnen sie Verführungen der süßesten Art. »Baklava« etwa, mit Sirup durchtränkter Blätterteig, der mit gehackten Walnüssen, Mandeln oder Pistazien gefüllt wird, ist hier an erster Stelle zu nennen: Dazu noch einen starken Mokka, und dann brauchen Sie erst mal eine ganze Weile lang gar nichts mehr zu sich zu nehmen. Genauso klebrig und süß ist »Helva«: eine aus Weizenmehl, Sesamöl, Honig und Zucker bestehende Kalorienbombe. »Lokum«, ein Sirup aus gelierter Stärke und Zucker mit Pistazien oder Mandeln, nennen die Engländer mit gutem Grund »Turkish Delight« – nirgendwo ist der süße »Happen« (türkisch: »lokma«) so herrlich weich wie hier.
Oder wie wäre es mit »Tavuk Gögsü Kazandibi«, einem mit gehackter Hühnerbrust und Reismehl zubereiten Milchpudding? Nicht fehlen darf hier eine aus Trockenobst, Rosenwasser, Zimt und Bohnen zubereitete Süßigkeit, die Noah mit den letzten Resten seiner Vorräte erfunden haben soll, als er endlich die Sintflut überstanden hatte: »Aşure« – vielleicht der süßeste Grund für ein Leben im Hier und Jetzt. Für Menschen mit ausgeprägten Geschmacksnerven, ist die Türkei ein lukullisches Schlaraffeland. Wer hier Kalorien zählt, ist selber schuld…

Das Bildnis des Mustafa Kemal Atatürk (1881 bis 1938; links unten mit der traditionellen Lammfellmütze, rechts mit dem modernen Hut, den er später allen Männern verordnete) ist allgegenwärtig, sein politisches Erbe prägt das Land. Seine Erfolge als General der türkischen Armee machten ihn zu einem Volkshelden Oben: die Atatürk gewidmeten Museumszimmer im Hotel »Pera Palace«.

ATATÜRK: »ICH BIN DIE TÜRKEI«

Anders als das genaue Datum von Atatürks Geburt ist von seinem Todestag sogar die Minute bekannt: Jeden 10. November exakt um 9.05 Uhr steht im ganzen Land der Verkehr still, steigen die Menschen aus ihren Autos, um jemandem die Reverenz zu erweisen, der, so formulierte es Kai Strittmatter in der »Süddeutschen Zeitung«, als Soldat ein genialer Stratege, als Staatengründer ein Visionär war und dessen Reformen – Abschaffung des Kalifats, Verbannung der Religion aus dem öffentlichen Raum, Gleichstellung der Frau, Einführung des lateinischen Alphabets und des Gregorianischen Kalenders – einen radikalen Bruch mit der Vergangenheit bedeutete. Geboren wurde der Mann, ohne den es die 1923 gegründete Republik Türkei nicht gäbe, Anfang 1881 im osmanischen Saloniki (der heute nordgriechischen Stadt Thessaloniki) als Sohn des Zollbeamten Ali Riza und seiner Frau Zübeyde, der Tochter eines Bauern. Das Ehepaar nannte ihn Mustafa – Familiennamen waren damals nicht gebräuchlich. Ein von seinen schulischen Leistungen begeisterter Lehrer gab ihm später den Zusatznamen Kemal (arabisch: »Vollendung«); er selbst nannte sich ab dem Jahr 1934 Atatürk (»Vater der Türkei«). Atatürk schuf auf dem Scherbenhaufen des Osmanischen Reichs nach dem Ersten Welkrieg als republikanischer Revolutionär etwas völlig Neues.

Mehr als 600 Meter zieht sich die rund 45 000 Quadratmeter große, in 13-jähriger Bauzeit auf L-förmigem Grundriss errichtete Palastanlage am Ufer des Bosporus entlang (oben). Das große Bild links zeigt das prachtvolle, von Säulen umrahmte Treppenhaus unter der riesigen Glaskuppel.

Die majestätische Zeremonienhalle (großes Bild rechts) mit dem 4,5 Tonnen schweren Kronleuchter fasst bis zu 2500 Personen. Bis zur Ausrufung der Türkischen Republik 1923 residierten hier die osmanischen Sultane; auch Atatürk wohnte zeitweise in dem Palast, in dem er 1938 starb.

Dolmabahçe-Palast

Was der Topkapı-Palast für die Altstadt, sollte der Dolmabahçe-Palast für die Neustadt werden: ein architektonisch überbordendes Gleichnis für die Macht und Pracht des sich nun zunehmend westlich orientierenden Osmanischen Reiches, dessen Stern aber im 19. Jahrhundert bereits im Sinken war: Das durch Aufstände in den europäischen Territorien wirtschaftlich geschwächte Land wurde als »kranker Mann am Bosporus« verspottet und drohte zum Spielball fremder Mächte zu werden. Dennoch ließ sich Sultan Abdülmecit I. (1823–1861) nicht davon abhalten, 1843 einen monumentalen Palastbau in Auftrag zu geben. Als Standort wählte er die aufgeschütteten Gärten (»Dolma bahçe«) seiner Vorgänger Sultan Ahmet I. und Osman II. – eine verlandete Bucht am Bosporusufer, in der bereits im 17. Jahrhundert eine (1840 abgebrannte) Sommerresidenz errichtet worden war.

So sehr sich Sultan Abdülhamit II. (oben der Yıldız-Palast) auch abzuschotten versuchte – 1905 überlebte er nur mit viel Glück ein Attentat, 1909 wurde er von den »Jungtürken«, einer um 1876 entstandenen nationaltürkischen Reformpartei westlicher Ausrichtung, abgesetzt. Große Bilder: Unweit des Dolmabahçe-Palastes erhebt sich der als Luxushotel restaurierte Çırağan-Palast.

Yildiz-Palast, Çirağan-Palast

Der um die Wende vom 19. zum 20. Jahrhundert fertiggestellte, aus einem Hauptpalais sowie mehreren in einem weitläufigen Parkareal verstreuten Palastpavillons und Kiosken bestehende »Sternenpalast« (»Yıldız Sarayı«) diente Sultan Abdülhamit II. (1842–1918) als feudales Refugium, nachdem er sich im zuvor bewohnten Dolmabahçe-Palast nicht mehr sicher fühlte. Da er in ständiger Furcht vor einem Attentat lebte, ließ er eine hohe Mauer um den Palast errichten und einige Tausend Soldaten auf dem weitläufigen Gelände kasernieren. Regent im von der weitläufigen Sultansresidenz zur noblen Luxusherberge umfunktionierten Çirağan-Palast ist heute der Gast, und der ist bekanntlich König: Als »Çirağan Palace Kempinski« firmiert die 1830 bis 1876 von Nikoğos Balyan im Auftrag von Sultan Abdülazazi (1830–1876) errichtete Anlage, und wer noch nie ein Sultan war – hier darf er es sein.

Orhan Pamuk bei der Nobelpreisverleihung 2006 in Stockholm (kleines Bild). Große Bilder, von links: der Schriftsteller in seinem Istanbuler Arbeitszimmer und nach einer Lesung. Für sein in mehr als 100 Ländern erschienenes Werk erhielt er neben vielen literarischen Auszeichnungen 2005 den Friedenspreis des Deutschen Buchhandels sowie im Jahr 2006 die Ehrendoktorwürde der FU Berlin.

PAMUK: »MIT EINER NADEL EINEN BRUNNEN GRABEN«

Mit zweiundzwanzig habe er beschlossen, alles andere sein zu lassen und ein Schriftsteller zu werden, berichtet der am 7. Juni 1952 in Istanbul geborene Orhan Pamuk in seiner Nobelpreisrede, in der er nichts weniger als »das Geheimnis des Schreibens« offenbart: Hartnäckigkeit und Geduld. Dass er sich in diesem Zusammenhang an eine türkische Redensart erinnert – »mit einer Nadel einen Brunnen graben« – ist vermutlich ebenso bezeichnend für den Autor wie die Bescheidenheit, mit der er seine Kunst als Handwerk beschreibt.

Dass er selbst ursprünglich Maler werden wollte, kann man seinem die eigene Lebensgeschichte mit einer ergreifenden Liebeserklärung an seine Heimatstadt verbindendem Buch »Istanbul« ebenso entnehmen wie seinem Kriminalroman »Rot ist mein Name«. In seiner Nobelpreisrede heißt es weiter: »Als ich … von alten persischen Miniaturenmalern erzählte, die in jahrelanger leidenschaftlicher Übung immer wieder ein und dasselbe Pferd zeichneten, bis sie es schließlich auch mit geschlossenen Augen abbilden konnten, da war mir bewusst, dass ich eigentlich vom Beruf des Schriftstellers und von meinem Leben sprach.« In seiner Erzählkunst vermittelt er zwischen dem modernen europäischen Roman und der mystischen Tradition des Orients. Sein Werk wurde mittlerweile in 35 Sprachen übersetzt.

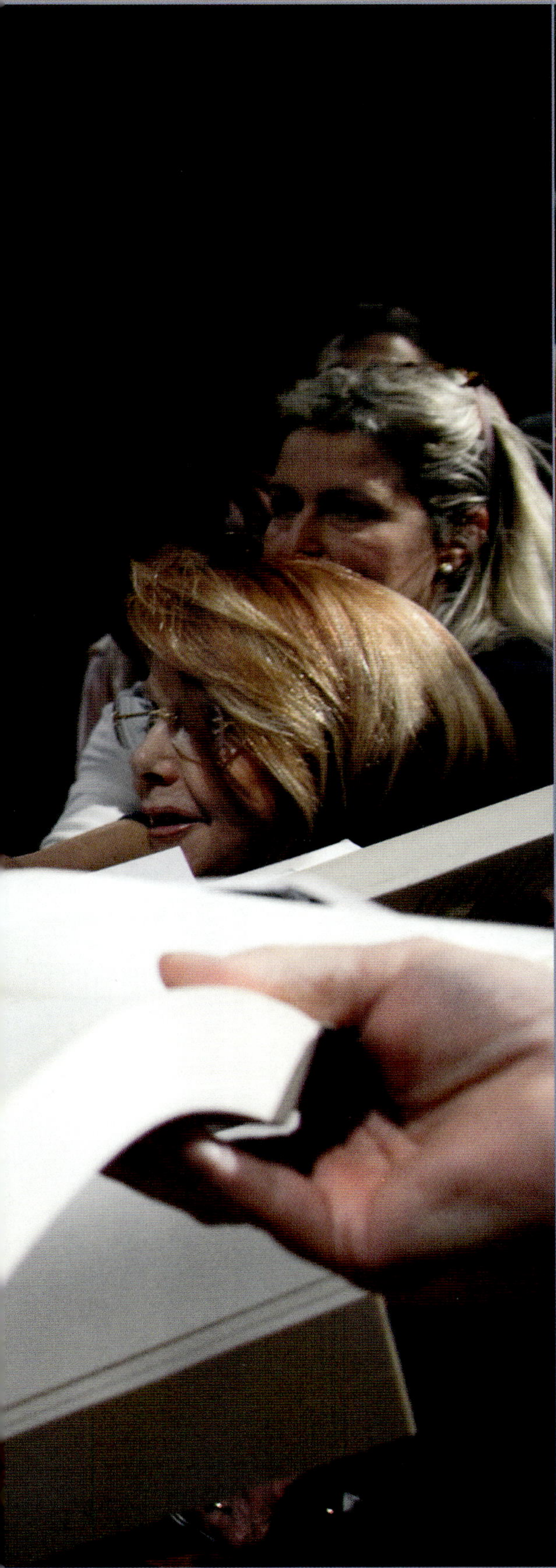

Mit seinen bunten Häusern in schmalen Gassen, den zahlreichen Bars und Cafés hat Ortaköy ein fast mediterran anmutendes Flair. Nicht nur sonntags, wenn rund um die Moschee ein quirliger Floh- und Wochenmarkt zum Bummeln, Schauen und Kaufen animiert, lohnt sich ein Besuch – auch unter der Woche verführt das Ambiente zum süßen Nichtstun – mit Blick auf den Bosporus.

Ortaköy

Zwei Brücken überspannen den Bosporus, der von den Türken »Boğaziçi« (Hals, Schlund, Engpass) genannt wird. Im Schatten der älteren, in den Jahren 1970 bis 1973 errichteten, insgesamt 1510 Meter langen »Ersten Bosporusbrücke« breitet sich Ortaköy aus, ein ehedem stilles Fischerdorf, das sich in den letzten Jahrzehnten zu einem nicht mehr ganz so stillen Istanbuler Vorort mit schönen Gärten und regem Nachtleben entwickelt hat: Vor allem an den Wochenenden besuchen auch Großstädter gern die von vielen Studenten und Künstlern frequentierten Cafés und Kneipen rund um den Schiffsanleger. Lebhaftes Zentrum ist der Iskele-Platz am Kai, wo früher die Fischer täglich ihren Fang entluden. Sonntags lockt ein Markt, auf dem man sich auch mit einer regionalen kulinarischen Spezialität stärken kann: »Kumpir« – mit Quark, Hackfleisch oder Gemüse gefüllte Folienkartoffeln.

Im lichtdurchfluteten Inneren (rechts) erinnert die Moschee mit ihrem marmorverkleideten Gebetssaal, den großen Fenstern und den Kristalllüstern an ein Barockschlösschen. Großes Bild: Der Blick auf das sich in den Schatten der Ersten Bosporusbrücke duckende Gotteshaus ist ein »Klassiker« auf der Schiffsroute gen Norden in Richtung Schwarzes Meer – ein Juwel am Bosporus.

Ortaköy-Moschee (Büyük-Mecidiye-Moschee)

Wahrzeichen von Ortaköy ist die idyllisch auf einem Landvorsprung thronende Büyük-Mecidiye-Moschee, besser bekannt als Ortaköy-Moschee. Errichtet wurde sie ab dem Jahr 1854 von dem Architekten Nikoğos Balyan, der gemeinsam mit seinem Vater Karabet auch für die Anlage des Dolmabahçe-Palasts verantwortlich ist. Dabei handelt es sich um einen im Stil des Osmanischen Barocks errichteten, überkuppelten Zentralbau, der von vier Ecktürmen mit barocken Dachhauben flankiert wird; aus den zweistöckigen Nebengebäuden erheben sich zwei schlanke, elegante Minarette. Auftraggeber der Moschee war Sultan Abdülmecid I. (1823–1861), der am 1. Juli 1839 die Nachfolge seines Vaters angetreten hatte. Gleich neben der Moschee kann man heute in einem schönen Teegarten eine Pause machen – eine Wasserpfeife rauchen, vielleicht, und die Seele baumeln lassen.

Ihren Namen verdankt die rund 30 Kilometer lange, 660 bis 3000 Meter breite und 30 bis 120 Meter tiefe, das Schwarze Meer mit dem Marmarameer verbindende Meerenge zwischen Europa und Asien dem Göttervater Zeus. Der Legende zufolge soll Io – eine der Geliebten des Zeus – auf ihrer Flucht vor der eifersüchtigen Gemahlin des Gottes die Meerenge überquert haben. Und zwar in der Gestalt einer Kuh, in die sie Zeus verwandelt hatte – seither hieß die Meerenge »Bosporus« (deutsch: »Furt der Kuh«). Die listige Hera ließ sich von der Maskerade jedoch nicht täuschen.

ZWISCHEN DEN WELTEN: DER BOSPORUS

Der Bosporus sei ein »Ausdruck dessen, was wir in Istanbul haben«, meinte der Fußballweise Christoph Daum in einem Beitrag für den deutsch-französischen Fernsehsender »ARTE«, »etwas Verbindendes und etwas Trennendes«. Und er wusste genau, wovon er sprach: Als Trainer des auf der asiatischen Seite beheimateten Vereins Fenerbahçe Istanbul hatte er 2004 und 2005 den türkischen Meistertitel geholt – ein Kunststück, das ihm zuvor schon 1995 bei einem früheren Engagement auf der europäischen Seite mit Beşiktaş Istanbul gelungen war. Doch als er dann 2010, erneut bei Fenerbahçe Istanbul unter Vertrag, den Meistertitel knapp verfehlte, musste er mit Polizeischutz aus dem Stadion geleitet werden. Jenseits dieser Rivalitäten steht die Meerenge seit jeher für einen gelungenen Spagat zwischen den Kulturen, die sich über verschiedene Brücken hinweg gegenseitig befruchten – allen voran die Erste Bosporusbrücke mit ihrer eleganten Hängekonstruktion aus Stahl. Heute überqueren rund 200 000 Fahrzeuge die spektakuläre Brücke. Über 200 Millionen US-Dollar sollen in das Bauvorhaben geflossen sein und die Konstruktion ist wahrhaft gigantisch. Die Bosporus-Brücke misst knapp anderthalb Kilometer und ragt 64 Meter in die Höhe. Die 39 Meter breite Brücke bietet insgesamt acht Fahrspuren.

Nördlich von Arnavutköy (kleines Bild rechts) geht die Fahrt weiter nach Bebek (großes Bild). Hier wie dort laden an den Kais Cafés und Restaurants zum gemütlichen Verweilen ein, werden Delikatessen und Dessertsünden aufgetischt. Mehr für die geistige Nahrung zuständig ist die Boğaziçi-Universität nahe der zweiten Bosporusbrücke, auch Fatih-Sultan-Mehmet-Brücke genannt.

Arnavutköy, Bebek

Kahnpartien zu den »Lustorten der Freude« am Bosporus – so der türkische Dichter Mehmet Tevfik (1843–1893) – waren einst den Reichen vorbehalten. Erst im 19. Jahrhundert fuhren in England gebaute Raddampfer die Meerenge entlang. Und selbst mit diesen durften zunächst nur Männer den Bosporus erkunden: Da geeignete Anlegestellen fehlten, mussten die Passagiere jeweils auf Ruderboote ausweichen, was bei der holden Weiblichkeit, so fürchtete man(n) offenbar, zu unschicklichen Situationen hätte führen können. Heute sind Probleme dieser Art zum Glück längst Vergangenheit: Täglich fahren Ausflugsschiffe den Bosporus hinauf, vorbei an prunkvollen Sommerpalästen, Villen und waldreichen Parks; vorbei auch an idyllischen Bosporusdörfern wie Arnavutköy und Bebek, deren schmucke Jachthäfen vor bunten Holzhausfassaden ein fast schon mediterranes Flair verströmen.

Eine der besterhaltenen Holzvillen am europäischen Bosporus ist das Sait Halim Paşa Yalı (großes Bild): Heute mit allen Annehmlichkeiten eines Luxushotels ausgestattet, hat man hier nun die Wahl zwischen »gewöhnlichen« Luxuszimmern und einer »Königssuite«. Als Museum zu besichtigen ist das weiter nördlich in Sarıyer gelegene Serişer Yalısı (kleines Bild rechts).

YALI: TRADITIONELLE HOLZVILLEN AM BOSPORUS

»Auf beiden Seiten des Bosporus erheben sich mäßige Anhöhen mit waldreichen Tälern. Rebenstöcke, Südfruchtbäume, Blumen und Kräuter stehen da in herrlicher Vermischung. Und von diesen Hügeln herab rinnen diesseits und jenseits an [die] dreißig klare Quellenbäche. Dieß und die vielen Busen, welche der Bosporus bildet, machen die Gegend um denselben nicht bloß zu einer der wohnlichsten, sondern auch zu einer der schönsten.« So schwärmte bereits der in den Jahren 1544 bis 1550 in Istanbul lebende französische Humanist Pierre Gilles von der europäisch-asiatischen Wasserscheide, und er vergaß auch nicht hinzuzufügen, dass schon der griechische Sagenheld Jason »diese Gestade für einen Götteraufenthalt erklärte«. Nach den Göttern, könnte man hier anfügen, kamen die Osmanen – ihre hohen Würdenträger jedenfalls und andere feine Leute. Was diese an den Gestaden des Bosporus hinterließen, kann sich im wahrsten Sinne des Wortes bis heute sehen lassen. »Yalı« nennt man ihre auf beiden Ufern des Bosporus, dem europäischen wie dem asiatischen, zu findenden Sommerresidenzen: Prächtige Holzvillen mit weit auskragendem Dach, direkt am Ufer mit eigener Bootsanlegestelle erbaut. Eine Schiffstour entlang der Küste nach Üsküdar bietet einen faszinierenden Ausblick die unvergleichliche Pracht der osmanischen Holzvillen.

Um die Festung Rumeli Hisarı so schnell wie möglich fertigstellen zu können, griff der Eroberer zu einer List: Drei seiner Befehlshaber beauftragte er mit je einem Bauabschnitt, was erstens zu heftiger Konkurrenz und zweitens dazu führte, dass der komplette Bau mit seinen drei großen Rundtürmen und den 13 kleineren Türmen schon nach vier Monaten vollendet war.

Rumeli Hisarı

Bald hinter der Uferpromenade von Bebek, weiter nördlich den Bosporus hinauf zur nächsten Landzunge, zieht auf europäischer Seite eine gewaltige Festung die Blicke auf sich: Rumeli Hisarı. Errichtet wurde sie im Jahr 1452, etwa neun Monate vor der Eroberung Konstantinopels, im Auftrag von Sultan Mehmet II. Fatih. Und wie die Geschichte zeigt, ging der Plan des Eroberers auf – im Zusammenspiel mit der auf der gegenüberliegenden asiatischen Seite bereits im Jahr 1395 von Sultan Bayezit I. errichteten Feste Anadolu Hisarı den Bosporus zu kontrollieren und so die Byzantiner vom Nachschub abzuschneiden. Nach der Eroberung Konstantinopels hatte die Festung dann auch ihren Zweck erfüllt und diente fortan als Staatsgefängnis. Heute beherbergt sie ein Museum und ist weithin bekannt als besonders stimmungsvolle Kulisse der jeden Sommer hier stattfindenden Festspiele.

Mit ihrer lichten Höhe von 64 Metern ist die Brücke hoch genug, dass auch große Tanker, Flugzeugträger und Kreuzfahrtschiffe unter ihr hindurchfahren können. Um den Verkehr zukünftig zu entlasten, baut man derzeit am »Marmaray-Projekt« – einem erdbebensicheren Tunnel, der den Verkehr einmal 56 Meter tief unter dem Meeresspiegel von West nach Ost führen soll.

Fatih-Sultan-Mehmet-Brücke (zweite Bosporusbrücke)

Wie die 15 Jahre zuvor etwa fünf Kilometer weiter südlich eröffnete erste Bosporusbrücke ist auch die offiziell am 3. Juli 1988 für den Verkehr freigegebene zweite Bosporusbrücke, die den Namen des Sultans Mehmet II. Fatih trägt, eine Hängebrücke. Erbaut wurde sie an eben jener – mit etwa 660 Metern schmalsten – Stelle des Bosporus, an der bereits im Jahr 512 v. Chr. der persische König Dareios I. auf seinem legendären Feldzug gegen die Skythen eine »schwimmende Brücke« (eine Schiffs- oder Pontonbrücke) über den Bosporus schlagen ließ. Deren ungleich modernere, insgesamt 1510 Meter lange (Hauptspannweite zwischen den Pylonen: 1090 Meter) Variante hat eine 39,4 Meter breite Fahrbahn mit acht Spuren und zwei Notspuren. Wie ihr südliches Pendant ist sie mautpflichtig und kaum in der Lage, das tägliche Verkehrsaufkommen zwischen West und Ost zu bewältigen.

Wenn es um den Bau immer höherer Wolkenkratzer geht, dann hat im modernen Istanbul derzeit der zum Stadtteil Şişli gehörende Finanzdistrikt Maslak (große Bilder von links) die Nase vorn. Hier wächst unter anderem der »Diamond of Istanbul« empor, der mit 270 Metern höchste Wolkenkratzer der Türkei. Faszinierend ist auch die Skyline von Levent (rechts), ebenfalls Teil von Şişli.

MODERNE ZEITEN: EINE STADT IM WANDEL

Istanbul boomt: als Europäische Kulturhauptstadt 2010 ebenso wie als höchst vitales, sich über zwei Kontinente erstreckendes Handels- und Finanzzentrum. Jeder fünfte Türke lebt heute in der Metropole am Bosporus – kein Wunder also, dass im sich unaufhörlich ausbreitenden, aus allen Nähten platzenden Istanbul vielerorts modernste Wolkenkratzer in die Höhe schießen. Diese geben der Stadt den Anschein einer Megacity, deren himmelwärts strebende Skyline vom alten, vorwiegend antik und osmanisch geprägten Stadtbild rund um Topkapı etwa so weit entfernt sein dürfte, wie sie es an Jahren tatsächlich ist. Neben der architektonischen Herausforderung in einem aufgrund von tektonischen Störungen im Marmarameer stark von Erdbeben bedrohten Gebiet bedeutet vor allem die Verkehrsplanung eine gewaltige Anstrengung: Dem drohenden Verkehrsinfarkt hofft man mit dem »Marmaray-Projekt« begegnen zu können – derzeit eines der größten verkehrstechnischen Vorhaben der Welt. Zu diesem gehören neben dem spektakulären Tunnelbau unter dem Bosporus auch der Ausbau und die Modernisierung des Schienennetzes unter der Überschrift »Zukunftsvision Bahn«. Das Projekt wird nicht nur die beiden S-Bahnlinien miteinander verbinden, sondern dient auch dem Fernverkehr als erste direkte, normalspurige Verbindung zwischen Europa und Asien.

Täglich fahren die Fischer von Sarıyer aus hinaus auf den Bosporus, halten ihre Reusen ins Wasser und bringen den Fang auch zu den Fischlokalen am Hafen. »Sarıyer« ist übrigens nicht nur der Name des sich längst zur Kleinstadt auswachsenden Fischerdorfs, sondern auch der eines Istanbuler Stadtteils, von denen es insgesamt 39 gibt – 25 auf europäischer und 14 auf asiatischer Seite.

Sarıyer

Zurück am Bosporus, fern der aufstrebenden Neubauten im Stadtteil Şişli meint man sich in beschaulicheren Orten wie Sarıyer wieder ganz in alte Zeiten zurückversetzt. Angesichts der unaufhörlich ans Ufer plätschernden, den Lauf der Dinge quasi wie nebenbei symbolisierenden Wellen mag man versucht sein, sich diese Zeiten allzu idyllisch vorzustellen. Ganz so idyllisch waren sie aber wohl nicht, denkt man etwa an die alte Praxis des »Stadtviertelüberfalls« (»Mahalle baskını«), von der Klaus Kreiser in seinem historischen Städteführer »Istanbul« berichtet. So konnte es vorkommen, dass man auf der Galatabrücke von verschleierten Frauen angesprochen und in der Hoffnung auf ein amouröses Abenteuer in ein Haus in Sarıyer gelockt wurde, wo man dann aber weder seiner Sinne noch seines Geldes beraubt wurde – sondern eine Standpauke empörter Sittenwächter über sich ergehen lassen musste.

Um Istanbul von seiner authentischern Seite kennenzulernen, sollte man unbedingt einmal den Fischmarkt in Üsküdar besuchen, wo der Fisch, frisch aus dem Netz kommend, zum Verkauf angeboten wird. Etwa ein Drittel der Einwohner Istanbuls (insgesamt 14 bis 16 Millionen nach den Schätzungen Istanbuler Nahverkehrsexperten) leben im asiatischen, zwei Drittel im europäischen Teil der Stadt.

JENSEITS DES BOSPORUS: IM ASIATISCHEN TEIL DER STADT

Von Europa nach Asien in weniger als einer halben Stunde? In Istanbul ist das kein Problem: Von Kontinent zu Kontinent mit der Fähre über den Bosporus braucht man nur rund zwanzig Minuten; Anlegestellen findet man in Eminönü und Karaköy auf europäischer sowie in Kadıköy und Üsküdar auf asiatischer Seite. Zumindest diesen beiden asiatischen Stadtteilen sollte man auch dann einen Besuch abstatten, wenn man sich schon an den Sehenswürdigkeiten auf europäischer Seite kaum sattsehen kann – ein Muss: die Prinzeninseln im Marmarameer!

Istanbul, ganz authentisch: Gemächlich schaukeln die Fischerboote auf den Wellen, was dem Poeten natürlich viel zu prosaisch klänge. Der, Mehmet Tevfik (1843–1893) zum Beispiel, würde dichten: »Du melancholisch, wehmütig stimmendes Ufer! Ihr leise, leise fächelnden Winde! Sind sie nicht ... als Beruhigung des Gewissens, als Paradies der Menschen der Beschreibung am würdigsten?«

Anadolu Kavağı

Wer nicht nur von West nach Ost übersetzen, sondern den Bosporus auf seiner ganzen Länge genießen (und dabei von Kontinent zu Kontinent pendeln) will, dem bieten sich die in Eminönü ablegenden, für die ganze Fahrt etwa sechs Stunden benötigenden Passagierschiffe an. Deren letzte Station auf asiatischer Seite ist Anadolu Kavağı am oberen Bosporus, unweit der Mündung ins Schwarze Meer, wo die Reisenden in der Regel ein bis drei Stunden Aufenthalt haben, ehe es wieder zurück nach Eminönü geht. Ursprünglich ein Fischerdorf und bis heute für seine guten Fischrestaurants bekannt, empfiehlt sich ein etwa halbstündiger Spaziergang zu der ursprünglich von den Byzantinern errichteten, sich im Norden über dem Dorf erhebenden Burg, von der man einen herrlichen Blick auf den Bosporus hat. Sehenswert sind unterwegs auch die alten Holzhäuser in der Islamağa Sokaği.

Viel Trubel herrscht rund um den Fähranleger von Beylerbeyı und die nahe Moschee (große Bilder). Im Beylerbeyı-Palast (kleines Bild rechts), 1860 bis 1865 im Auftrag von Sultan Abdülaziz I. für ausländische Staatsgäste errichtet, gaben sich einst illustre Gäste die Klinke in die Hand; darunter auch Könige (Großbritanniens Edward VIII.) und Kaiser (Österreichs Franz Joseph).

Beylerbeyı

Zu Füßen der Ersten Bosporusbrücke, gegenüber von Ortaköy auf europäischer Seite, liegt am etwas weniger besiedelten, ursprünglicheren asiatischen Ufer der Ort Beylerbeyı. Auch um dessen Fähranleger gruppieren sich Restaurants und Cafés; zu den Sehenswürdigkeiten zählen eine hübsche kleine Moschee mit zwei schlanken Minaretten und einige traditionelle Holzvillen am Ufer. Die Hauptattraktion aber ist der ebenfalls direkt am Ufer gelegene Beylerbeyı-Palast: eine Perle osmanischer Palastarchitektur, die, was die Fassadengestaltung und das Innendekor angeht, keinen Vergleich mit dem deutlich größeren, in der Regel viel mehr beachteten Dolmabahçe-Palast auf europäischer Seite zu scheuen braucht. Die Ähnlichkeit kommt übrigens nicht von ungefähr: Verantwortlicher Architekt war Sarkis Bey Balyan (1835 bis 1899), dessen Vater den Dolmabahçe-Palast errichtet hat.

Nur spärlich fällt das Licht in das Innere der am gegenüberliegenden Ufer des Topkapı-Palastes gelegenen Moschee (großes Bild und ganz rechts). Oben links: Erst auf das Drängen der Bevölkerung soll ihr ein – damals Sultan-Moscheen vorbehaltenes – zweites Minarett hinzugefügt worden sein, um eine der im 16. Jahrhundert aufkommenden Lichterketten (Mahyâs) spannen zu können.

Mihrimah-Moschee (Iskele-Moschee)

Bereits im 7. Jahrhundert v. Chr. gründeten Griechen hier am asiatischen Bosporusufer zwei Siedlungen, Chalcedon und Chrysopolis – antike Vorläufer der heutigen Istanbuler Stadtteile Üsküdar, von dem man wohl den schönsten Blick auf die im Westen direkt gegenüber gelegene historische Altstadt hat, und das sich im Süden an Üsküdar anschließende Kadıköy. Gleich gegenüber dem Kai in Üsküdar thront auf einer Terrasse am Hang die Mihrimah-Moschee, die wegen ihrer Nähe zur Anlegestelle (türkisch: »iskele«) auch »Iskele-Moschee« genannt wird. Errichten ließ die im Jahr 1548 fertiggestellte Moschee Sultan Süleyman I. zu Ehren seiner Tochter Mihrimah, der Gemahlin des Großwesirs Rüstem Paşa. Eine architektonische Besonderheit des von Sinan entworfenen Baus ist die Rahmung der zentralen Hauptkuppel mit nur drei (einer großen und zwei kleineren) Halbkuppeln.

Früher sprach man auch vom »Leanderturm«, nach dem griechischen Mythos von Hero und Leander. Der türkische Name Kız Kulesi bezieht sich auf die Sage von einer Prinzessin, der man den Tod durch einen Schlangenbiss prophezeit hatte. Also versteckte man sie hier, doch die Prinzessin konnte ihrem Schicksal nicht entgehen – die Schlange lag in einem Obstkorb verborgen.

Kız Kulesi (Mädchenturm)

Knapp 200 Meter vor der asiatischen Küste ragt auf einer kleinen Insel im Bosporus, wo bereits im 5. Jahrhundert v. Chr. eine Zollstation entstand, der in seiner heutigen Form im 18. Jahrhundert errichtete Turm Kız Kulesi empor – für James Bond (in »Die Welt ist nicht genug«, 1999) ein Ort, um die Welt zu retten; für alle anderen zumindest einer, um sich einen guten Tag zu machen. Wahlweise auch einen guten Abend, denn sowohl das Café (im Tagesbetrieb) als auch das schicke Restaurant und die Bar locken (abends) mit einer Aussicht, die ihresgleichen sucht. Da braucht man dann nur noch das Glück zu haben, dass der Mond hoch am Himmelszelt steht, während die Sterne funkeln und man selbst über den Wellen des Bosporus sitzt, um mit eigenen Augen das staunenswerte Schauspiel zu erleben, wie ein silbrig glänzendes Licht der historischen Altstadt zauberischen Glanz verleiht.

»Wir haben die Fassaden geöffnet und anstelle von Wänden filigrane Metallstrukturen installiert«, berichtet die Innenarchitektin Zeynep Fadillioğlu. Die Moschee ist insgesamt offener gestaltet, Frauen und Männer betreten sie durch dasselbe Tor; im Inneren haben sie gleichberechtigt Platz. Und die Grenzen? – »Gibt es aber nicht. Die Beschränkungen sind in den Köpfen«, so lautet ihr Kommentar.

Şakirin-Moschee

Die Revolution kommt auf leisen Sohlen. Sie lächelt sanft, und sie hat einen Namen: Zeynep Fadillioğlu. Als die Şakirin-Moschee im Frühjahr 2009 in Üsküdar eröffnet wurde, war dies eine kleine Sensation: »Die erste von einer Frau gestaltete Moschee«, hieß es in den Medien, und hörbar zufrieden wurde festgestellt, dass »eine Männerbastion gefallen« sei. Zeynep Fadillioğlu selbst, eine 1955 in Istanbul geborene Kunsthistorikerin und Innenarchitektin, legt allerdings Wert auf die Feststellung, dass Hüsrev Tayla der Architekt »ihrer« Moschee sei. Von ihm stammt der grundlegende Entwurf des von der wohlhabenden Familie Sakir finanzierten Bethauses. Sie selbst war für die Innenarchitektur verantwortlich. Ein paar grundlegende Änderungen gegenüber der traditionellen osmanischen Moschee machen sie zu einer Pionierin. Einige davon sind sogar revolutionär!

Der prachtvoll mit Marmor und Sandsteinreliefs verzierte Monumentalbau wirkt wie ein Gebäude aus Tausendundeiner Nacht. Seine Schokoladenseite präsentiert der auf 220 hölzernen Balken stehende Bahnhof vom Wasser aus. Leider wurden bei einem Brand im November 2010 der Dachstuhl und die oberen Etagen des Bahnhofs weitgehend zerstört – sein Innenleben jedoch ist intakt!

Bahnhof Haydarpaşa

Nördlich des Hafens von Kadiköy gerät der neoklassizistische Bau des in den Jahren 1906 bis 1908 von den deutschen Architekten Otto Ritter und Helmut Cuno errichteten Kopfbahnhofs Haydarpaşa ins Blickfeld: eine dreiflügelige Anlage mit runden Ecktürmen, Rundbogenportalen und schier endlosen Fensterfluchten, die eher an ein Schloss erinnert als an einen Bahnhof. Wo heute Vorortbahnen und Züge in den Osten der Türkei starten, nach Ankara und Konya beispielsweise, konnte man früher noch viel weiter fahren: bis nach Bagdad. Verantwortlich für den Ausbau der damals auch als »Bagdadbahn« bekannten Trasse war Kaiser Wilhelm II. (1859–1941), dem es vor allem darum ging, in der damals von den Briten und Franzosen dominierten Region an Einfluss zu gewinnen. Geschätzt wurde der Bahnhof auch von den Reisenden des Orient-Expresses auf Durchreise.

Aufgrund ihres eisenhaltigen rötlichen Gesteins werden die Prinzeninseln vor Ort auch Kızıl Adaları (»Rote Inseln«) genannt. Nur die vier größeren Eilande sind ständig bewohnt: Büyükada Burgazada, Heybeliada und Kınalıada. Auf Heybeliada hat heute ein bedeutendes theologisches Seminar des Ökumenischen Partriarchats von Konstantinopel seinen Standort (Bilder oben).

STADTNAH: EIN AUSFLUG ZU DEN PRINZENINSELN

In Istanbul wisse man nicht, ob das Meer die Stadt in seinen Armen halte oder die Stadt das Meer, meinte die 1946 im türkischen Malatya geborene Schriftstellerin Emine Sevgi Özdamar einmal. Als Kind war sie davon überzeugt, dass das Meer eine Frau sei, weil es den Menschen Fische schenkt. Doch manchmal, wenn der Südwestwind die Schiffe packt, wandelt es sich zu einem Mann: »An solchen Tagen sagten die Menschen, das Meer ist ein Sultan, es hört auf niemanden.« Doch wenn der Wind still ist und der Himmel sehr blau, wenn die Hitze des Sommers der lärmenden Stadt eine gleißende Haube aus Schmutz und Staub überstülpt, dann ist es an der Zeit, hinauszufahren aufs Meer und hin zu den rund 20 Kilometer südlich von Istanbul gelegenen Prinzeninseln, die insgesamt neun sind an der Zahl und ihren Namen der Tatsache verdanken, dass in byzantischer Zeit aufmüpfige Herrschersöhne hierher verbannt wurden. In der Verbannung möchten wohl auch Nicht-Prinzen hier nicht gerne sein, aber für einen Tag am Meer sind die Inseln geradezu ideal. Und auf der Rückfahrt kann man sich ja eine eigene Meinung darüber bilden, wie sich das nun genau verhält, mit der Stadt und dem Meer. Die Zeiten, in denen das Leben auf einer Insel als Bestrafung galt, gehören jedenfalls längst der Vergangenheit an.

Die Nevizade Sokak gehört zu den lebendigsten Gassen von ganz Beyoğlu: ein Lokal reiht sich an das nächste und in den meisten wird nicht nur gutes Essen serviert, sondern auch zur Musik mitgesungen.

ATLAS

Trotz ihrer Größe lässt sich die Metropole sehr gut im Rahmen von Spaziergängen erkunden. Dabei erlebt man mehrere Facetten dieser geschichtsträchtigen Stadt. Viele der interessantesten Bauten befinden sich in der Altstadt – die aufregendsten Moscheen und Paläste, Brunnen und Basare lassen Fantasien aus Tausendundeiner Nacht wahr werden. Lassen Sie sich durch den Mix aus prachtvollen Boulevards und engen Gassen treiben, der so typisch ist für den Orient.

Das mächtige Hauptschiff der Hagia Sophia stellt all die herrlichen Mosaike, Säulen und marmornen Schmuckarbeiten mühelos in den Schatten. Steht man unter der gigantischen Kuppel, kommt man sich doch sehr klein vor.

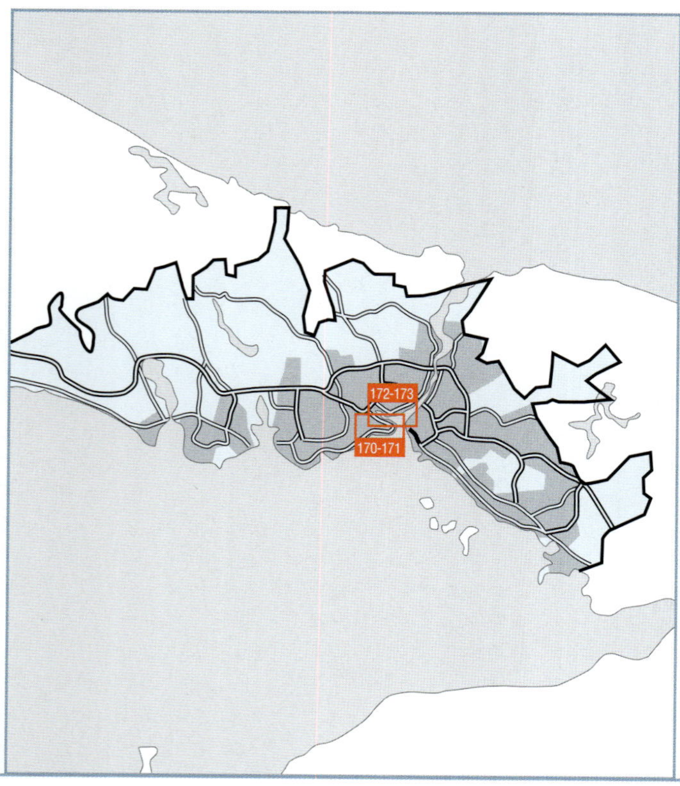

ZEICHENERKLÄRUNG ZU DEN KARTEN 1 : 20 000

- Autobahn
- Wichtige Hauptstraße (im Bau)
- Hauptstraße
- Nebenstraße
- Weg
- Fußgängerzone
- Bahnlinie
- Industriebahn
- S-Bahnlinie
- U-Bahnlinie (im Bau/in der Planung)
- Autofähre; wichtige Personenfähre
- Dichte Bebauung; lockere Bebauung
- Öffentliche Bebauung
- Bemerkenswertes Gebäude; Industriegebäude
- Grünfläche; Friedhof; Waldfläche
- Jüdischer Friedhof

LEGENDE

Die Stadtplanausschnitte auf den folgenden Seiten zeigen Istanbul im Maßstab 1:15 000. Die kartografischen Details werden dabei durch eine Vielzahl touristischer Informationen ergänzt – zum einen durch das ausführlich dargestellte Verkehrsnetz, zum anderen durch Symbole, die Lage und Art aller wichtigen Sehenswürdigkeiten und Freizeitziele, wie etwa Museen, Paläste oder Basare, kennzeichnen.

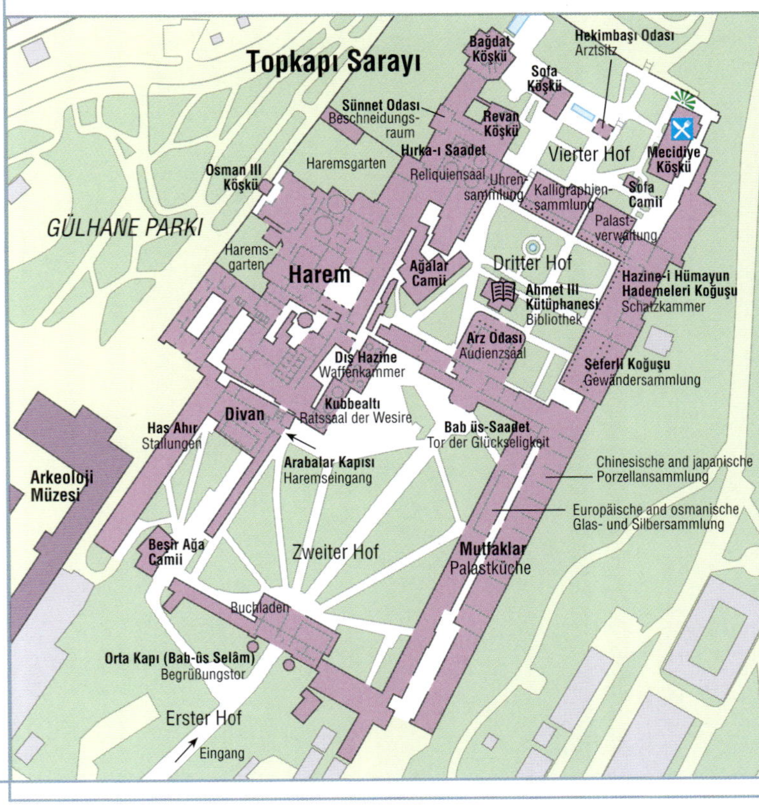

Maßstab 1 : 15 000

0 100 200 300 400 Meter

O-1 Autobahn-Nummer
Hauptbahnhof
Bahnhof mit Schnellzugverkehr
Bahnhof mit Nah- und Fernverkehr
Stadion
Nahverkehrs-Station
U-Bahn-Station
Busbahnhof
Parkplatz; Parkhaus
Einbahnstraße
Campingplatz
Botschaft

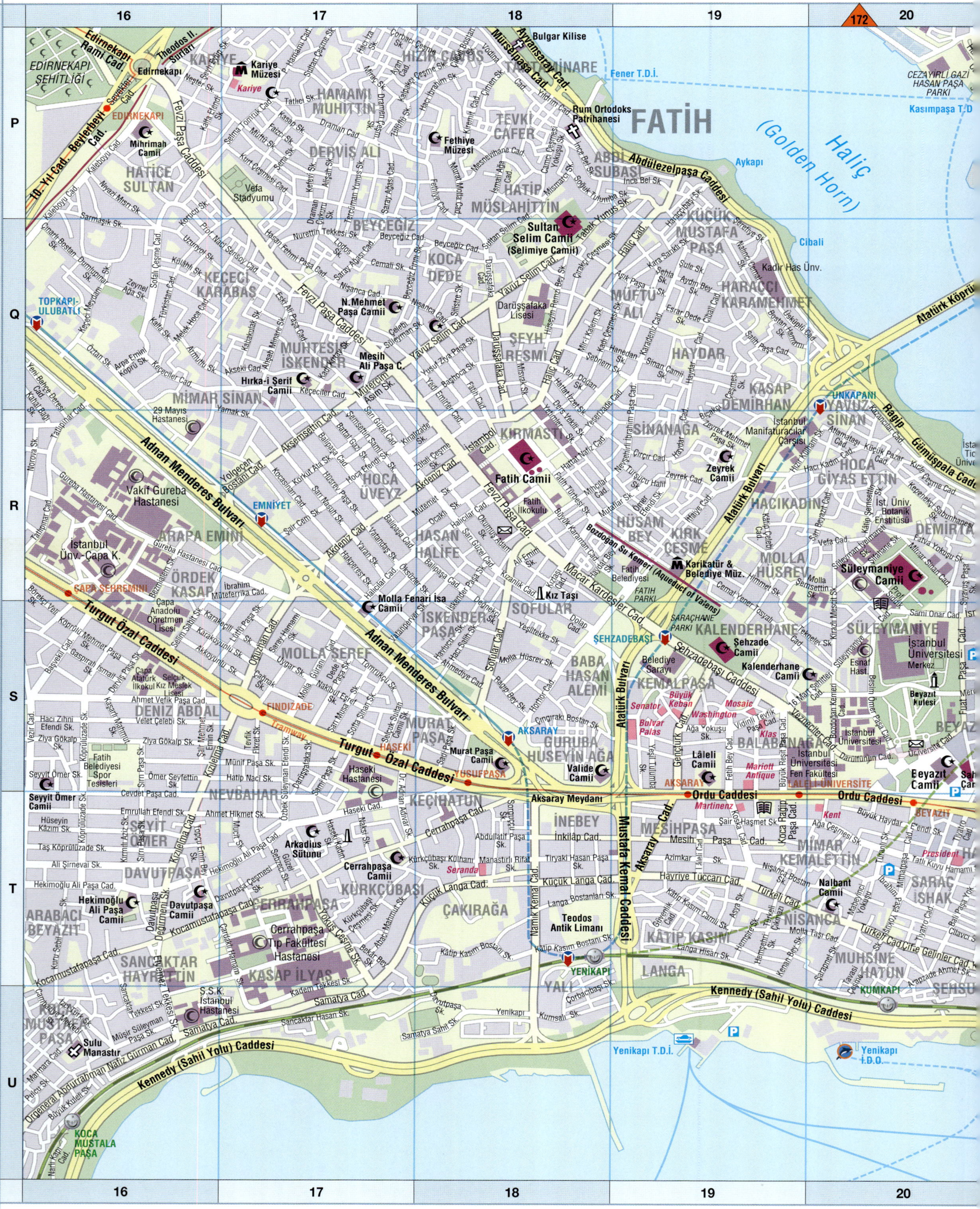

Information
Postdienst
Krankenhaus
Turm
Kirche
Moschee
Friedhof
Säule, Denkmal
Theater
Museum
Bibliothek

Maßstab 1 : 15 000

0 100 200 300 400 Meter

O-1 Autobahn-Nummer

Stadion

Hauptbahnhof

Bahnhof mit Schnellzugverkehr

Bahnhof mit Nah- und Fernverkehr

Nahverkehrs-Station

U-Bahn-Station

Busbahnhof

Parkplatz; Parkhaus

Einbahnstraße

Campingplatz

Botschaft

Information
Postdienst
Krankenhaus
Turm
Kirche
Moschee
Friedhof
Säule, Denkmal
Theater
Museum
Bibliothek

Die Registereinträge beziehen sich auf die Karten sowie auf den Bildteil. Nach dem Stichwort folgen die fett gedruckten Seitenzahlen und die Suchfeldangaben für den Kartenteil. Danach folgt die Seitenzahl für den Bildteil, zuletzt werden Internetadressen angegeben, die einen raschen Zugriff auf weitere aktuelle Informationen über die in diesem Werk beschriebenen Sehenswürdigkeiten ermöglichen. Die meisten Einträge auf den Bildseiten sind ebenfalls im Kartenteil zu finden, der darüber hinaus eine Fülle weiterer touristischer Hinweise bietet.

Von links nach rechts: Blaue Moschee am Bosporusufer; Innenanasicht der Hagia Sophia; im Ägyptischen oder Gewürzbasar; Ortaköy-Moschee an der ersten Bosporusbrücke; Mädchenturm »Kız Kulesi« in der Abenddämmerung.

Bildnachweis

A = Alamy
C = Corbis
G = Getty Images
L = Laif
M = Mauritius

Cover: M/A
S. 1: C/Atlantide, S. 2/3: C/Peter Adams, S. 4/5: G/Panoramic Images, S. 6/7: G/Paul Hardy, S. 8/9: G/Visions of our Land, S. 10 o.: C/Yann Arthus-Bertrand, S. 10/11: Huber/R. Schmid, S. 11 r. o.: G/Yadid Levy, S. 11 r. M.: M/imagebroker, S. 11 r. u.: M/A, S. 12 o.: A/images&Stories, S. 12/13: M/A, S. 13 r. o.: M/A, S. 13 r. M.: M/A, S. 13 r. u.: M/A, S. 14 o. l.: C/O. Alamany& E. Vicens, S. 14 o. r.: M/Steve Vidler, S. 14/15: C/Bob Krist, S. 15 r. o.: M/Age, S. 15 r. M.: L/Rapho, S. 15 r. u.: C/Atlantide, S. 16 l.: L/Murat Tueremis, S. 16 o.: M/A, S. 16/17: M/A, S. 18 o. l.: C/Atlantide, S. 18 o. r.: die Bildstelle/Rex Features, S. 18/19 C/Atlantide, S. 19 r. o.: C/Atlantide, S. 19 r. M.: M/A, S. 19 r. u.: C/Atlantide, S. 20 o.: C/Atlantide, S. 20/21: G/Travelpix, S. 22 o. l.: Christopher Kunth, S. 22 o. r.: G/Silvia Otte, S. 22/23 Premium, S. 23 r.: L/Murat Tueremis, S. 24 o.: akg/Gilles Mermet, S. 24/25: akg/Erich Lessing, S. 26 o.: C/Atlantide, S. 26 l.: C/Lescourret, S. 26/27: A/Ayhan Altun, S. 28 o. l.: G/Panoramic Images, S. 28 o. r.: Christopher Kunth, S. 28/29: C/David Sutherland, S. 30 o.: L/Mehmet Kacmaz, S. 30 l.: M/A, S. 30/31: L/Mehmet Kacmaz, S. 32 o. l.: G/AFP, S. 32 o. r.: G/AFP, S. 32/33: A/Jeremy Horner, S. 33 r. 1.: C/Jeremy Horner, S. 33 r. 2.: A/Sonia Halliday, S. 33 r. 3.: M/A, S. 33 r. 4.: A/Sonia Halliday, S. 34 o. l.: M/A, S. 34 o. r.: M/A, S. 34/35: M/A, S. 36 o.: M/A, S. 36/37: Look/age, S. 37 r.: G/Silvia Otte, S.38 o. l.: M/A, S. 38 o. r.: C/Hannan Isachar, S. 38/39: M/A, S. 40 o.: C/Atlantide, S. 40/41: C/Atlantide, S. 42 o. l.: C/David Sutherland, S. 42 o. r.: C/David Sutherland, S. 42/43: C/David Sutherland, S. 44 o.: G/Lonely Planet, S. 44/45: C/Gavin Hellier, S. 46 o.: Bildagentur-online/Tips, S. 46 l.: C/Murat Taner, S. 46/47: G/Bloomberg, S. 48 o. l.: Christopher Kunth, S. 48 o. r.: Christopher Kunth, S. 48/49: C/Atlantide, S. 49 r.: L/Murat Tueremis, S. 50 o.: L/Murat Tueremis, S. 50/51: L/Andrea sKuenzig, S. 51 r.: C/Krist, S. 52 o.: M/A, S. 52/53: L/Murat Tueremis, S. 54 o. l.: L/Daniel Biskup, S. 54 o. r.: L/Andrea Kuenzig, S. 54/55: L/Andrea Kuenzig, S. 56 o.: C/Pascal Deloche, S. 56/57: C/Pawel Kopczynski, S. 58 o.: G/ Wilfried Krecichwost, S. 58/59: M/Age, S. 60 o.: G/Steve Allen, S. 60 l.: C/Pascal Deloche, S. 60/61: A/David Noton, S. 62 o. l.: M/A, S. 62 o. r.: C/Murat Taner, S. 62/63: M/A, S. 63 r.: C/David Lefranc, S. 64 o. l.: C/Atlantide, S. 64 o. r.: C/Atlantide, S. 64/65: C/Atlantide, S. 65 r. 1.: L/Frank Heuer, S. 65 r. 2.: L/Jan-Peter Boening, S. 65 r. 3.: C/Atlantide, S. 65 r. 4.: L/Peter Rigaud, S. 66 o.: C/Atlantide, S. 66/67: C/Atlantide, S. 68 o.: Christopher Kunth, S. 68/69: M/A, S. 70 o.: C/Atlantide, S. 70/71: C/Atlantide, S. 71 r.: G/Carsten Koall, S. 72 o.: L/Mehmet Kacmaz, S. 72/73: G/Ed Pritchard, S. 74 o.: M/Cubo Images, S. 74/85: M/imagebroker, S. 76 o.: L/Hemis/Body Philippe, S. 76/77: C/Tibor Bognar, S. 78 o.: G/Salvator Barki, S. 78/79: G/Eric Nathan, S. 80 o. l.: C/Peter Turnley for Harpers, S. 80 o. r.: C/Peter Turnley for Harpers, S. 80/81: A/Ayhan Altun, S. 81 r.: M/A, S. 82 o.: L/Murat Tueremis, S. 82/83: M/A, S. 83 r. o.: M/A, S. 83 r. u.: C/Osman Orsal, S. 84 o.: M/A, S. 84 l.: M/A, S. 84/85: M/A, S. 86 o. l.: C/Wolfgang Kaehler, S. 86 o. r.: L/Hemis/Marc Dozier, S. 86/87: C/Bob Krist, S. 87 r.: C/Adam Woolfitt, S. 88 o.: C/Ruggero Vanni, S. 88/89: M/A, S. 90 o.: M/A, S. 90 l.: M/A, S. 90/91: M/imagebroker, S. 92 o.: L/Mehmet Kacmaz, S. 92/93: L/Hemis/Bertrand Rieger, S. 93 r. o.: L/Mehmet Kacmaz, S. 93 r. u.: L/Mehmet Kacmaz, S. 94/95: G/Silvia Otte, S. 96 o. l.: L/Frank Siemers, S. 96 o. r.: L/Jan-Peter Boening, S. 96/97: L/Frank Siemers, S. 98 o.: M/A, S. 98/99: M/A, S. 99 r.: C/Fatih Saribas, S. 100 o.: C, S. 100/101 L/Jan-Peter Boening, S. 102 o.: M/A, S. 102 l.: M/A, S. 102/103: M/A, S. 104 o. l.: L/Tolga Sezgin, S. 104 o. r.: M/A, S. 104/105: Huber/Graefenhain, S. 105 r.: M/A, S. 106 o.: GMiguelCarminati, S. 106/107: A/John Warburton-Lee, S. 108 o. l.: C/David Bathgate, S. 108 o. r.: C/David Bathgate, S. 108 l.: C/David Bathgate, S. 108/109: C/Alessandra Benedetti, S. 110 o.: G/AFP, S. 110/111: G/Lonely Planet, S. 111 r. o.: G/Lonely Planet, S. 111 r. u.: G/Lonely Planet, S. 112 o.: Christopher Kunth, S. 112/113: Christopher Kunth, S. 113 r. o.: L/Suse Walczak, S. 113 r. M.: Christopher Kunth, S. 113 r. u.: laf/Contrasto, S. 114 o. l.: L/Rainer Harscher, S. 114 o. r.: L/Hemis/Paule Seux, S. 114 l.: L/Mehmet Kacmaz, S. 114/115: C/David Bathgate, S. 116 o.. L/Murat Tueremis, S. 116/117: G/Scott Barbour, S. 117 r.: L/Murat Tueremis, S. 118 o.: G/AFP, S. 118/119: G/AFP, S. 119 r.: M/Cubo Images, S. 120 o.: C/Murad Sezer, S. 120 l.: L/Anamaria Dinulescu, S. 120/121: L/Ludovic Maisant, S. 122 o. l.: L/Mehmet Kacmaz, S. 122 o. r.: L/Mehmet Kacmaz, S. 122/123: L/Manousos Daskalogiannis, S. 123 r. o.: L/Manousos Daskalogiannis, S. 123 r. M.: L/Manousos Daskalogiannis, S. 123 r. u.: L/Manousos Daskalogiannis, S. 124 o. l.: C/Steve Outram, S. 124 o. r.: M/Age, S. 124 l.: C/Fatih Saribas, S. 124/125: C/David Bathgate, S. 126 o.: C/Antony Joyce, S. 126/127: M/imagebroker, S. 127 r.: M/imagebroker, S. 128 o. l.: A/the Art Archive, S. 128 o. r.: A/the Art Archive, S. 128 l.: C/Atlantide, S. 128/129: C/Atlantide, S. 130 o.: G/AFP, S. 130/131: G/Massimo die Nonno, S. 131 r.: G/Eric Bouvet, S. 132 o. l.: M/A, S. 132 o. r.: L/Tophoven, S. 132/133: M/A, S. 134 o.: M/A, S. 134/135: M/A, S. 136 o.. C/Grant Smith, S. 136/137: M/A, S. 138 o.: C/Mauricio Abreu, S. 138/139: look/Ingolf Pompe, S. 140 o. l.: C/Chris Hellier, S. 140 o. r.: C/Francesco Venturi, S. 140/141: M/A, S. 142 o.: Huber/R.Schmid, S. 142/143: M/Cubo Images, S. 144 o.: M/A, S. 144/145: M/A, S. 146 o.: M/Age, S. 146/147: M/A, S. 147 r. o.: A/Ayhan Altun, S. 147 r. u.: M/A, S. 148 o.: M/A, S. 148/149: M/A, S. 150/151: C/Grand Tour-Collection, S. 152 o. l.: L/Jacques Sierpiuski, S. 152 o. r.: L/Markus Kirchgessner, S. 152/153: M/A, S. 154 o.: M/A, S. 154 l.: L/Tophoven, S. 154/155: L/Tophoven, S. 156 o. l.: M/A, S. 156 o. r.: Bildagentur-online/Tips, S. 156/157: G/Lonely Planet, S. 158 o.: Grtty/Flickr, S. 158/159: G/Salvator Barki, S. 160 o. l.: L/Hemis/Bertrand Rieger, S. 160 o. r.: L/Hemis/Bertrand Rieger, S. 160/161: MehdiChebil, S. 161 r.: C/Stevens Fremont, S. 162 o.: L/Kerem Uzel, S. 162 l.: M/A, S. 162/163: M/A, S. 164 o. l.: L/Murat Tueremis, S. 164 o. r.: L/Murat Tueremis, S. 164/165: M/A, S. 165 r. o.: L/Hemis/Patrick Frilet, S. 165 r. u.: L/Hemis/Rabouan, S. 166/167: Huber/Stefano Brozzi, S. 168/169: C/Atlantide, S. 174 o. l.: C/Atlantide, S. 174 o. r.: Christopher Kunth, S. 175 o. l.: C/Atlantide, S. 175 o. M.: G/Salvator Barki, S. 175 o. r.: M/A

Impressum

© 2011 Verlag Wolfgang Kunth GmbH & Co KG, München
Königinstraße 11
80539 München
Telefon +49.89.45 80 20-0
Fax +49.89.45 80 20-21
www.kunth-verlag.de

© Kartografie: GeoGraphic Publishers GmbH & Co. KG

Text: Robert Fischer, Constanze Wimmer

Printed in Slovakia

Alle Fakten wurden nach bestem Wissen und Gewissen mit der größtmöglichen Sorgfalt recherchiert. Redaktion und Verlag können jedoch für die absolute Richtigkeit und Vollständigkeit der Angaben keine Gewähr leisten. Der Verlag ist für alle Hinweise und Verbesserungsvorschläge jederzeit dankbar.